全国小学生校园美文精品集萃丛

# 花季穿行在阳光里

《语文报》编写组 编

时代文艺出版社

**图书在版编目（CIP）数据**

花季穿行在阳光里 /《语文报》编写组编 . —长春：时代文艺出版社，2018.8（2023.6重印）

（"七色阳光小少年"全国小学生校园美文精品集萃丛书）

ISBN 978-7-5387-5951-8

Ⅰ . ①花… Ⅱ . ①语… Ⅲ . ①作文 - 小学 - 选集 Ⅳ . ①H194.4

中国版本图书馆CIP数据核字（2018）第152161号

出 品 人　陈　琛
产品总监　郭力家
责任编辑　李荣峇
装帧设计　孙　利
排版制作　隋淑凤

# 花季穿行在阳光里

《语文报》编写组　编

出版发行 / 时代文艺出版社

地址 / 长春市福祉大路5788号　龙腾国际大厦A座15层　邮编 / 130118

总编办 / 0431-81629751　发行部 / 0431-81629758

官方微博 / weibo.com / tlapress

印刷 / 北京一鑫印务有限责任公司

开本 / 700mm×980mm　1 / 16　字数 / 153千字　印张 / 11

版次 / 2018年8月第1版　印次 / 2023年6月第5次印刷　定价 / 34.80元

图书如有印装错误　请寄回印厂调换

# 编 委 会

主　　编：刘应伦

编　　委：刘应伦　　赵　静　　李音霞

　　　　　郭　斐　　刘瑞霞　　王素红

　　　　　金星闪　　周　起　　华晓隽

　　　　　何发祥　　朱晓东　　陈　颖

　　　　　段岩霞　　刘学强

本册主编：马国富　　郁　娟

# 目 录

## 风会记得每一朵花的香

偶像，也是一种信仰 ........ 蔡宇尧 / 002

对一个灵魂的朝圣 ........ 贾淞名 / 003

我的偶像 ........ 袁亦清 / 005

我的偶像 ........ 吴榕谦 / 006

风会记得每一朵花的香 ........ 华 文 / 007

生命的芳香 ........ 陈 禾 / 009

花开不只在春天 ........ 黄文涵 / 011

栏杆 ........ 瞿子钰 / 012

给作家阎连科的一封信 ........ 江奕涵 / 014

致皎月的一封信 ........ 陈谱仰 / 015

给哈利·波特的一封信 ........ 黄语晨 / 018

光阴深处桃花酒 ........ 华韵沁 / 019

痕迹 ........ 白莹菲 / 021

糖画 ........ 徐乐怡 / 023

与猫凝视 ........ 陈铭宇 / 025

好书如盐 ........ 周梓涵 / 027

享受文字的魅力 ........ 张雪琦 / 028

书韵传香 ........ 韵　沁 / 029

## 我就是我，不一样颜色的火花

和一棵树做知音 ........ 凇　名 / 032

梅在等雪 ........ 乐　怡 / 033

敬畏 ........ 瞿子钰 / 035

敬畏生命 ........ 刘音希 / 037

我就是我，不一样颜色的火花 ........ 许家恒 / 038

我也是一束阳光 ........ 顾伊迪 / 040

我不为那件事后悔 ........ 崔　涛 / 042

煤气师傅来敲门 ........ 储鲁力 / 043

为她点赞 ........ 张顾恨 / 044

为他点个赞 ........ 宇　尧 / 046

为我点个赞 ........ 马甜欣 / 047

为她点赞 ........ 伊　迪 / 049

细微之处见真情 ........ 朱培成 / 050

细微之处见真情 ........ 范媛圆 / 052

细微之处见真情 ........ 陈瑜秋 / 053

细微之处见真情 ........ 顾张婧文 / 054

我也是一束阳光 ........ 瑜　秋 / 056

我也是一束阳光 ........ 杨单雯 / 057

我也是一束阳光 ........ 丛　坤 / 059

我也是一束阳光 ........ 陆紫骞 / 060

## 那份感动，久久不能平息

让我怦然心动的那句话 ........ 蒋明豪 / 064

让我怦然心动的那句话 ........ 单　雯 / 065

让我怦然心动的那句话 ........ 高　尚 / 066

让我怦然心动的那句话 ........ 容　谦 / 068

那份感动，久久不能平息 ........ 周魏佳 / 069

点赞磨刀老人 ........ 李思璇 / 071

最美丽的一道风景 ........ 龚悠然 / 073

琴声里的烧饼摊 ........ 甜　欣 / 074

厉害了，我的"肥夏"老师 ........ 秦　韵 / 076

作文课里的"航模大战" ........ 杨景文 / 077

我的数学老师 ........ 顾　俍 / 079

月光 ........ 王　迪 / 080

五班的"四大才女" ........ 孙小语 / 082

享受自由 ........ 朱培成 / 084

"情书"风波 ........ 王肖涵 / 086

心窗 ........ 赵子裕 / 088

爷爷，对不起 ........ 黄　莺 / 089

003

## 爱要大声说出来

爱要大声说出来 ........ 魏　佳 / 092

爱之手 ........ 张顾俍 / 093

我是家里的小"二宝" ........ 费秋实 / 096

放学风波 ........ 王雪融 / 097

为《战狼Ⅱ》叫好 ........ 单政彤 / 099

一次有趣的对战 ........ 钱浩燃 / 101

对游戏魔鬼说"不" ........ 许 多 / 102

遇见另一个自己 ........ 蔡支涵 / 103

"虫"迷心窍 ........ 陈沛衡 / 105

金蝉脱壳 ........ 钱浩燃 / 107

螳螂捕食 ........ 浩 然 / 108

抖空竹 ........ 邵米琪 / 109

走一走东坡之路 ........ 张 筱 / 111

江水掬城南通美 ........ 江贽杭 / 112

窗 ........ 陈欣妍 / 114

## 给生活加点儿诗意

我有我的精彩 ........ 王晨巍 / 115

给生活加点儿诗意 ........ 小 杭 / 118

小小的生命 ........ 唐张睿 / 119

给生活加点儿诗意 ........ 陈 墨 / 121

行云流水的现代京剧 ........ 米 琪 / 122

舞台，如此美丽 ........ 施宇桐 / 123

拔河吧，蟹王 ........ 马晨昱 / 125

"含羞"草 ........ 夏张扬 / 126

小小螃蟹我"点兵" ........ 小 福 / 128

倾听大自然的呼吸 ........ 文 涵 / 129

聆听秋的脚步 ........ 谱 仰 / 131

倾听大自然的梦呓 ........ 顾晨露 / 132

秋天是位魔法师 ........ 张周宇 / 134

濠河父子 ........ 吕泽阳 / 135

那份不一样的真情 ........ 高心月 / 136

给妈妈送祝福 ........ 江城子 / 138

难忘的"同学" ........ 罗奥非 / 139

## 我的"潮生活"

梦中的告别 ........ 严顾蕾 / 142

爷爷的"爱心食堂" ........ 许 多 / 144

爷爷的"神秘壮举" ........ 张裿文 / 146

我的"潮"生活 ........ 桑赵岂 / 147

西餐狂响曲 ........ 陈艺文 / 148

白色的"箭" ........ 邵夏雨 / 150

我的"财富梦" ........ 家 恒 / 151

我的太阳系之旅 ........ 陈一畅 / 153

2090 隐翅之鹰 ........ 崔 涛 / 154

我的"平行世界" ........ 周施琦 / 158

梦里的冰雪假期 ........ 张嘉亿 / 160

彩虹雨 ........ 龚悠然 / 161

天庭会议 ........ 陈欣妍 / 163

一封枫叶信 ........ 蔡滢秋 / 165

# 风会记得每一朵花的香

　　宝琴便是一朵冬日里的红梅，黛玉恰似一朵娇艳的玫瑰，妙玉却是一朵纯洁的茉莉。这些红楼女子，在时光岁月中稍纵即逝，但风会永远记得，在每一代人的心中捎去她们不同的香。

# 偶像，也是一种信仰

蔡宇尧

听许巍的第一首歌是《世外桃源》，顿时，被他那清丽的旋律，低沉而超脱的声音所吸引、虏获。

越来越喜欢他，也越来越了解他。但我却惊奇地发现，他以前的歌，旋律浮躁，嗓音沧桑，倒如一个老人。他曾经也是一个叛逆的少年，在高考的前一天离家出走，追求他的音乐梦想。但在他进入这复杂的社会中时，他发现他错了，不过他没有放弃，而是发布了自己第一张专辑《在别处》，这张专辑里的每一首歌，都表现出他的无助与绝望。有人说许巍是摇滚界的拯救者，殊不知他内心也和常人一样有痛苦。

终于，他回家了，父母也没有多说什么，而是让他当了一名文艺兵。渐渐地，他开始转变，他信佛，由摇滚改为民谣，让我们看到了现在风华正茂的他。

而他最令人称道的，是他的低调和谦虚。他不走红毯，甚至至今还未开微博，只全身心地投入到音乐中去。而现在，又有多少像他一样出淤泥而不染的人呢？恐怕没有几个，倒有不少一点儿小事就大肆炒作的二流艺人，而许巍，一直待在他自己的一方天地里，不与世俗同流合污。

曾经看过一个节目采访许巍，他在镜头前，甚至有些羞涩，像个孩子一样。他也提到，他不喜欢被镜头盯着的感觉，很不自然。这种人，敢问世上还有几个？那些挤破脑袋，只为能出演一个龙套角色的艺人哪里知道还有不喜欢被镜头拍摄的感觉的人。

偶像，是一种信仰，偶像真正吸引你的，不仅仅是相貌和才华，还有他的精神，一个人所表现出的一个个细节，都能体现出这个人的特点，而你的偶像吸引你的，也就是这些细节吧。

"我们不是在追星，而是在追随心灵。"

# 对一个灵魂的朝圣

贾淞名

003

在城市钢铁洪流中的挣扎，磨灭了多少人豪气的遐思，徜徉的惬意。去地坛吧，义无反顾……

大地告诉我，那儿长满荒草和古柏，除了僻静、空荡和潮湿的虫鸣，只剩下一位小伙子和他的轮椅。那个脸色苍白，饮尽孤独的青年，那个消沉倦怠、无事可做的青年，那个在灿烂之年猝然摔倒的青年，终日躲在其中，在墙角旁，在树荫下，漫无边际地冥想，关于青春、疾病、身体、梦想、活着的意义……

地坛，它不是公园，而是一个人的心灵私宅、灵魂的后花园。其间的一草一木，都被喂养过，被一个年轻人的寂寞，被他心里的荒凉与云烟。

扑面而来的老北京气，告诉我，到了北京的心脏——地坛。怀着对史铁生先生的敬仰进入地坛。地坛早已没了你文中的内敛、古朴、大气，唯有迟暮的老人散发小伙子才该有的朝气。或许您会气愤，那寂静空灵的天，多了几丝秧歌声中的"夕阳"红；或许你会开心，那墨守成规的静，被朝气呼啸着划过。但我知道您只会笑笑，继续播种那些缤纷狂乱的念头，在那棵树下，在地坛，在北京，在天地间。

史铁生先生，站不起来了，永远。可他却用灵魂支撑，他站得好高，看远方、看红尘，思命运、考人生。疾病，在常人身上是累赘，在他的身上是哲思，成修行，为生命中最普通的行李。真的，肉体可以居住在精神里，世界可以折叠成一副轮椅。他是个以告别方式生活的人，一个倒着向前走的人。他爱笑，不暖，不寒，平淡下翻涌惊涛骇浪，像秋天，秋天的晨。

史铁生先生，起身走了。几乎带着微笑，按他的说法，这不是突然，是准时，是如期。他离开这个世界，去参悟另一个世界的秘密，他也肯定有这样一个园子，给他神思。史铁生先生留下了敬仰与失落，我们仰视着这个轮椅上的身影渐行渐远，被厚重的岁月吞噬。

史铁生告诉我们，微笑着，去唱生活的歌谣。不要抱怨生活给予了太多的磨难，不必抱怨生命中有太多的曲折。大海如果失去了巨浪的翻滚，就会失去雄浑；沙漠如果失去了风沙的狂舞，就会失去壮观；人生如果仅去求得两点一线的一帆风顺，生命也就失去了存在的魅力。看看史铁生，看看他的低调、他的倔强、他的淡然、他的激昂……

他以自己的生活、创造、体态和穿越岁月时的精神纯度，给时代画出超然灵魂的肖像，给人类精神添加美学的成色，提升灵魂的高度，再塑造生命的尊严，留下一个身躯超脱疾病后的无上荣耀。

虽然我们在不同的世界，不同的时空，只要一想到人世间还有像史铁生这样的人，不同的心脏总会有着共同的澎湃心声，循着这回声一起看云卷云舒。这样的时光，因了先生的灵魂和光照而变得更加辽阔久远。

# 我 的 偶 像

袁亦清

我的偶像，是一位静静的画家，它掌握着山河的色彩，掌握着星斗的亮点，甚至掌握着意想不到的奇妙……

吉林雾凇，是你的创作。你把晶莹的霜花点缀在枝头，在阳光的照耀下，闪烁着光芒。你又撕下朵朵云雾，让它弥漫整个河畔。人们都在赞扬你，你留下一串银铃般的笑语，梦幻般地游历去了。

藏龙百瀑，是你的面容。你用奇妙的色彩，涂抹着山河，从此山上青草满地，清泉奔腾不息。哗哗的流水声像快乐的音符，所有缤纷的花朵都为这幅画卷奉献青春。你又笑了，你的口中呼出甜美的空气，山林中流淌着你的声音。

桂林山水，是你的气质。你用画笔，勾勒出座座直插云霄的山峰，魂牵梦绕，多么像你挺起的胸膛。山峰尖尖的顶，突破绵绵的云，如同一位羞涩的少女，用面纱遮住自己明亮的脸庞。真是"三山半落青天外，二水中分白鹭州"。

世界各地，都散布着你的身影。你用神奇的画笔，精心点缀着每一个地方。你不断地创作，给人们许多惊喜。我送给你一棵小树，请你帮它涂上嫩绿。

你，一位创造奇迹的仙女，是我的偶像——大自然。

# 我 的 偶 像

吴榕谦

　　我的偶像，是中国现代文学的奠基人——鲁迅。他的一生，于苦难中谱写传奇。摒弃封建时代的思想，开辟中国文学的新道路，他的生命虽短，却未曾浪费一点一滴。

　　鲁迅年轻时，于日本学医。课间，他观看影片，其中有一段，两个日本人屠杀上万中国人，一旁"观看"的中国人熟视无睹。日本学生在经久不息地哄堂大笑。这种人性的冷漠与麻木使他十分激愤，毅然决然地弃医从文。为了国家为了人民，为了未来的新中国。回国后，他创作大量的文学作品，极其反对文言文为文章载体，提倡白话文。成为中国文学史上第一位发表以现代文为载体的小说——《狂人日记》。他用心灵触摸文学，为中国文学史开辟了一条正直的新道路。对敌人，他横眉冷对；对人民，他满腔热忱。他用文字唤醒一代又一代的爱国青年。"鲁迅的方向，就是中国新文化的方向。"鲁迅正直的精神感染了我。

　　鲁迅的全部生活内容中，除了写作，就是看书。幼年时，鲁迅看书前须洗手，避免把书弄脏；成年时，鲁迅爱好读书，买书，借书，抄书。鲁迅曾用几根钢针、一团丝线、几块沙纸，以及磨书用的石头，把书保存得完好无损。鲁迅爱书、读书，为他以后的写作奠定了基础。

鲁迅，一生都在奋斗。"时时早，事事早"的精神流芳百世。他一生虽只活了五十五岁，但他留下了六百四十万字的珍贵的文化遗产。他平均每年创作三十万字的作品。鲁迅常常接待客人，直至到十一二点方才结束。谁知，他把咖啡一喝，熬夜工作，累了只会像战士一样伏在战壕睡两小时。他曾说："时间总像海绵里的水，挤一挤，总还会有的。"鲁迅的惜时精神一直影响着我，使我平日有更多的时间去阅读。

鲁迅，就是如此的正直、爱书、惜时，他好似我人生的照明灯，点亮我人生前方的道路。

# 风会记得每一朵花的香

——品读《红楼梦》有感

华 文

现实生活中没有完美的人生，正如舞台上并没有完全纯粹的喜剧。

《红楼梦》的悲与喜如波涛一样在整篇故事情节中跌宕起伏，忽明忽暗。其实在第十几回，家族兴旺之中，曹雪芹便把悲在笔锋下流露出来，秦可卿病逝，金钏儿投井，鸳鸯铰发……一片斑斓彩景中突现了几条凄凄惨惨戚戚的墨痕儿。曹雪芹此时或是倦了罢。他笔锋稍有凝滞，静静地做了一个暖香醉人的梦。于是身着红袄，活泼可爱的薛宝琴从一棵梅花树下，在纷飞的雪花中，携着一缕清香飘然而至。

宝琴的出现给大观园添上了些许水灵与喜气。她的美貌、聪慧更是博得了众人的喜爱。贾母把一件漂亮、精致的鸭毛翎送给了她；一向小心眼的林黛玉却争着喊她妹妹；宽厚、包容的薛宝钗竟也有些嫉妒。宝琴不过十四五岁罢，年纪尚小，可她的文采绝不逊黛玉、宝玉一点儿。在一个初晴午后的亭中，她一口气作了十首《怀古》绝诗，令人绝倒。

宝琴便是一朵冬日里的红梅，给众人带去淡却纯的清香。

林黛玉是一位典型的悲剧人物。黛玉"闲静时如姣花照水，行动处似弱柳扶风"。她生得沉鱼落雁之容，却终日疑心，自觉寄人篱下，不得亲人庇护，时常触景伤情，独个儿伤心、落泪。黛玉的嗽疾时犯，久治不愈。她心中念着宝玉，在风雨夜后看见宝玉与宝钗谈笑，于是便有了令人悲绝的痛吟，有了那绝世的《葬花吟》。一声"侬今葬花人笑痴，他年葬侬知是谁？"的悲绝，在古今的文化长廊里永久回荡。那无言的哀叹与连绵的泪水便是她人生中的一部分。

黛玉恰似一朵娇艳的玫瑰，散发着令人沉迷的幽香，但却又娇又弱，稍有半点儿风雨，就会被打落。

黛玉的人生，令人叹息。走得太快，忽略了路边的风景；想得太多，失落了那一份份珍贵的情……

相比大观园里那些远嫁南飞，到头来香消玉殒的女儿们，妙玉算是比较幸运的。一头乌发，两撇柳眉，花容月貌，却做了栊翠庵一位尼姑。守着一生清苦，品味人生清欢。妙玉是有些怪癖的。当她用雪水烧茶给黛玉时，对黛玉的无知冷嘲热讽；在宝玉生日时，却默然捎去一份淡淡的祝福。

妙玉是一朵茉莉，在独特中绽放出自己苦中带甜的芳香。

这些红楼女子，在时光岁月中稍纵即逝，但风会永远记得，在每

一代人的心中捎去她们不同的香。

# 生命的芳香

陈 禾

是花，总会散发芬芳的吧。生命如花，花开花落间盈满芳香。

"阿慧，阿慧。"这名字乍一听，眼前即刻浮现出一位娇俏的妙龄女子，袅袅地立着。可又有谁能想到，这个"芳香扑鼻"的名字的归属者，竟是我八十多岁的曾祖母。

多年前的一个午后，曾祖母携我逛集市。一位八十多岁的老太携着一位乳臭未干的小屁孩，怎能不引人侧目？阿慧却像个局外人一样，紧攥着我的手，大步向前。我惊讶于阿慧的镇定自若，但又不敢多问，只得低着头，尽力跟上她的步子。"干什么？你又没错。来，挺直背，昂起头，怕什么！"阿慧洪亮的声音如雷贯耳，我不禁打了个颤，哆哆嗦嗦地抬起了头，直起背。"这就对了嘛！做人像只老鼠，骨气去哪了？"阿慧的话我并未彻悟，眼睛被巷角的一个小贩手上持着的红灿灿的糖葫芦给吸引了去。耀眼的阳光照着这糖葫芦，我呆住了，阿慧瞧见了我这副馋样，忍俊不禁，偷偷抿了抿嘴角，塞给我一张纸币："去买吧，要排队哦，千万不能插队。"我点点头，飞奔过去。

我紧握着纸币，手心里溢出的汗珠早已将纸币浸湿，我排在那拐了几个弯的队伍之后，心情异常焦急、烦躁。熙熙攘攘的人群挤得我透不过气来。我耐不住性子，踮起脚尖向前张望，矮矮的我被困于一方小小的天地里，目光所能望到的地方，只有攒动的头。我心里一度萌生起想要插队的念头，双脚蠢蠢欲动，牙咬得直痒痒。"要排队哦，千万不能插队。"阿慧的话在耳畔回响，我的心在脱离轨道后倏地被一根长绳拉回，自此，又乖乖站好。

"砰，砰！"一股巨大的力量将我拖到如黑洞般深邃的困境里。我四处摸索着，眼泪止不住地汩汩地流。我抬头，刺眼的阳光如针般扎进我的眼睛里，我在泪眼蒙眬的迷境中隐约窥见两个身影，瘦瘦高高的，赤着画满文身的上身，头发被染成稀奇古怪的颜色，俨然一副不良少年的模样。我吓坏了，手捂着流血不止的伤口，跪坐在地上，"呜呜，呜，呜呜"哭起来。

"这个小孩真可怜哪。""对啊，被这两个插了队，手臂还被划破了，怪冤枉的！""唉！"嘈杂的人群中突然闯进一个身影，她不高，满脸褶子，略微发福的身子跟跟跄跄地，头发全白。"阿慧！阿慧！呜……""哭什么，起来，你又没错，怕什么！"阿慧洪亮的声音响起。她将我一把扶起，轻拍掉我身上的尘灰。周围的人见了阿慧的到来，满脸忧愤，纷纷指责起那两个少年。阿慧仍旧镇定自若，用双手撑地，缓缓站起，走到那两个青年前："做人做到这样，太失败了！"那两个青年的脸红得跟猪肝似的，羞愧地想找个地洞钻进去，红着脸，低着头，风一般的溜走了。

阿慧递给我糖葫芦，我苦涩地笑笑，一口含住。"甜吗？""嗯。""走吧！"阿慧牵着我的手，走出集市。"做人不能懦弱，千万不能。做人要有骨气，做人要守规矩。没有规矩，不成方圆。"

阿慧离开我已有许多年了，再见她，只是在照片上。但我并不伤心，阿慧给我的教诲，一直让我像个宝似的珍藏于心底，并时时翻出，历久弥香。

生命如花，纵然逝了，余香依旧。阿慧，下辈子，你又是哪一朵散发芬芳的花呢？

# 花开不只在春天

黄文涵

似乎只有春天，获得了众花的青睐。其实不然，亭亭荷花，傲骨蜡梅，虽都不开在春天，但却美丽依旧。

"吱呀，吱呀！"一声接一声，老藤椅上，一位老人正拿着一本小学课本，带着老花镜，一字一句地读着。那是奶奶邻家的爷爷，今年已经七十有二了，小时候因为家境贫困被迫辍学了。在村子里，因家境原因辍学的人不少，但只有他在老了之后，想重拾学习。

谁都认为他是痴人说梦，这么一大把年纪，好好安度晚年吧！但他总是不顾，每天下午四点钟，老藤椅总会按时响起，伴着沙哑的读书声，偶尔会朝着里屋问声："宝宝，来帮爷爷看看，这字怎么读？""读he，爷爷。"我也曾一度不理解，一位两鬓斑白的老人，何必费这个功夫呢？

一次，我坐着小板凳，看着他，问："爷爷，你读书学习有什么用呢？"他放下课本，抬头望望天，对我说："乡下人，就指望有一天能出人头地，我是来不及了，但我就是想多看看，多学学。"我不语，偶见他身后那朵未开的菊花，却觉得有些相像，夕阳渐渐落下，余晖照在他的脸上，映照出别样的美。

日子一天天地过去，村里人也习以为常，也不再议论什么，直至有一天村里搞活动，爷爷当着全村人的面，朗诵了一篇文章，全村轰动了。"老爷子不赖呀！""不容易，不容易……"我在回家的路上，忽见那几株菊花开了，开得如此灿烂，如此美妙。

花不只开在春天，是呀，正如那位爷爷，只要心中是春天，便处处有花开。

# 栏　杆

瞿子钰

真是老了……他弓着腰站在"天梯"旁，不过才爬了小半座山，就觉得浑身骨头跟浸了老醋一样。

他略休息了一会儿，便直起身子，慢慢走上"天梯"。这座山是城市的标志性景点，到达山顶的这一百多级"天梯"陡峭俊丽，本地人都喜欢隔三岔五地来走一趟。

他边往上走边扶着阶梯旁的铁栏杆，一寸一寸地摸过去。每到连接处，就握住用力摇一摇，查看是否松了还是锈断了。他检查得十分认真仔细，好像考古专家在鉴别刚出土的一件古物。

走到四十来级的地方，他习惯性地站住了，用长着粗茧的指腹摩挲着铁栏杆上细小的凸面。他记得，二十年前，一个雨后的晴天，就在他脚下站着的这个地方，生了一块颜色黯淡的青苔，没有人发现。他用手向外推了推栏杆，此时栏杆没动分毫。

但当年不是。七八岁的小姑娘花朵儿般的模样，被青苔滑倒后锈蚀的栏杆未能接住她小小的身子。他忘不了，女孩儿红色的裙子被山谷的风吹得像破碎的蝴蝶；他忘不了，女孩儿父母凄厉绝望的哭喊。

从那天起，他的心里就搁上了事儿。

他也是当父亲的，知道失去子女的剧痛。他琢磨着自己平时是个清闲的人，干脆三天两头上山来检查一遍。那时他年轻，倒也不觉得累。这一来便是二十年，可是现在……他重重地叹了口气。

到底是老了……上个月刚被查出严重的类风温关节炎。这几天又下雨，身子骨倦怠得像片老树叶。

他走得愈发慢了。细细地轻摇每一段冰凉的栏杆，不时用指甲试探地去抠一抠铁锈，眯着眼儿去打量是否锈到了芯。他揉了把肩，想起上周不知是哪家淘气的小子踢弯了一处栏杆，他发现时都松垮在半边山崖上了。他去报修时，几乎带着劫后余生的欣喜。

也不知修好了没有？他边思量边往上走，是哪儿的来着？这记性真是越来越不好了，上一秒还记得，下一秒就被投入茫茫大雾一样。这两天节假日，维修工也不知有没有上班？哎呀，千万别……

"哎！"他想得入了神，竟没留意到脚下一块巴掌大的青苔。他老迈的身子无助地晃了晃，可患病的腿实在支撑不起他的身子。眼前的景一下从蜿蜒的石阶变成了灰暗的天。

完了……他嘴唇动了下，没说得出话来。

这时，他感到有什么凉凉的东西抵到了他的肩，他想也不想反手攥住，稳住了身子。

当他大口喘着气转身时，他分明看到，被他紧握住的，是一段崭新的栏杆。

# 给作家阎连科的一封信

江奕涵

尊敬的阎伯伯：

您好！

您的《711号园子》带给我很大的感触。

您在您的人生做出了一个重要而又正确的决定，用半生的积蓄住进了这个北京最后的天堂。在这几年的时间中，您在这个园子所享受的一切都是无价的，在明丽的春天欣赏鸟儿与蝴蝶们的舞台剧，在雨后初晴的森林中享受着鲜嫩的蘑菇与树木的大合唱……这个园子的一切都是需要有心人来体会深知的，您完美地感知了这一切的美好。您能感受常人无法感知的植物的感情与动作，却自嘲在常人看来是个不正常的人，但正是这样的特殊感知，使大自然将它一切的秘密悄悄地在无形中告诉您了。

我多么希望拥有这一片园子，这种想窃听大自然秘密的行为实属有点儿小私心。但当我读完后，最后的那几行短短的字却令我心中一愣。"711号园被强拆了。"我心中开始纠结，担心那些可爱的鸟儿，泛着太阳色泽的蝴蝶，啄木鸟千辛万苦医好的树木……这些美从此就在北京城中凋零了吗？大自然应该很伤心，它将秘密与美丽毫不保留地奉献了，换来的却是我们毫不保留地删除了这一切美好。您亲身经历过，不知会怎样痛惜这无知的破坏？711号园终将带走大自然的美好，离我们而去！

您将它们写进了书中，对大自然的忏悔也深深地印进了我的心中。商业与利益侵蚀了711号园，留下的是车鸣与喧闹，扬起的尘土难道就是人类道德的灰烬？

我不希望711号园与大自然的美只停留在书中，我不希望一切的美好只能让后代想象！

您的书给予了我无限的感触，谢谢您将这仅存的美写进了书中！

此致

敬礼！

江奕涵

# 致皎月的一封信

015

陈谱仰

亲爱的中天明月：

您好！

"江畔何人初见月，江月何年初照人。"轻诵着张若虚的《春江花月夜》，我不由抬起头，"悬挂在中天的明月啊，您是否有见过这位俯首吟哦的诗人呢？为何愿意在这缥缈的空中，接受亘古的孤独？……"

# 一

相信您一定见过战国战火的纷飞，秦王扫六合征讨的步伐，荆轲刺秦王的豪壮……而您是否有注意到汨罗江边一个男子的吟唱，您是否有留心他的泪水，他的长叹，他的诀别呢？

他，就是屈原，那时已经被流放；他是一位伟大的诗人，可那时的他即将踏入死亡的深渊；他写过《楚辞》《离骚》，这些杰作已无法阻止他驾鹤西归的步履。他也许不曾想到，后世的国人，每年五月初五为他吊唁。他也许不曾料到，他那凄楚的诗音，推动了中国文脉的前进，让后世的杜甫、李白都为之顶礼膜拜……

亲爱的月亮，那时，您是在为一代文豪的将别而落泪，还是在赞叹他留下的辉煌？

# 二

相信您一定听过王勃的"落霞与孤鹜齐飞，秋水共长天一色"，张若虚春江前发出的天问……而当时，您是否有想过以后的诗文盛世，是否有留心过蓬勃发展的千古文脉呢？

唐明皇登基，标志着一个盛世的到来，已经积蓄了千年的文脉展现出前所未有的活力。李白的清新飘逸，杜甫的沉郁悲怆……诗歌，抒尽了盛世的欢乐与衰败的悲忧，写尽了前朝旧事，后世希冀……在唐朝的几百年中，声势浩大的"古文运动"，推翻了统制文脉千年的"骈体文"，恢复了文脉正统，为中华文脉注入了鲜活的血液……

亲爱的月亮，那时，您是在为千年盛朝将终而伤感，还是在为中华千年文脉的勃发而自豪？

## 三

相信您一定目睹过苏轼的文采，关注过文天祥在零丁洋前发出的类似"《广陵散》从此绝矣"的叹息……而此时，您是否想过文天祥所叹惜的"汉文将绝"没有发生，是否能想到后来的那个不足百年的王朝"杂剧"的繁荣呢？

元代，关汉卿、马致远，《窦娥冤》《西厢记》，在短短一百年内，把前代神州大地上缺少的戏剧，发展到了一个极高的境界，完善了中华千年的文脉，让中国的元杂剧赶上了早百年的梵剧，莎士比亚的悲剧……

亲爱的月亮，那时您是在为大宋的覆灭而惋惜，还是在骄傲元代文化繁盛的持续呢？

## 四

相信您一定感慨过曹雪芹雪夜孤独的写作，注视过华夏大地上的一场"新文化运动"……而此时，您是否预料日后中华文脉将比明清更纤细，中华文化将是零星寥落呢？

中国近代，虽有鲁迅、郭沫若、沈从文；虽有《呐喊》《女神》《烛虚》，但文脉的崇高精神境界，却被全球一体化的经济大潮冲淡。中华文明的正统保留了下来，而延续千年的中华文脉却七零八落……

亲爱的月亮，那时，您是在为中华文脉的散落而伤感，还是坚信中华文脉会再一次振兴……

如果可以，我愿意用我的一生去让中国文脉复苏，让您——中天红月，更加高洁、绚丽……

您的敬仰者：陈谱仰

# 给哈利·波特的一封信

黄语晨

亲爱的哈利·波特：

你一定在霍格沃茨生活得不错吧！我也梦想着去霍格沃茨上学呢！你一年级时就从奇洛手上夺回了魔法石。二年级时就进入密室，与伏地魔正面交锋。三年级时凭着你的勇气解救出了小天狼星，化解了你们之间的误会……我好想跟着你们一起去冒险呀！

如果我进入了霍格沃茨，我一定会买一只最漂亮的猫头鹰，让它帮我送信。我会加入维迪奇球队，当一名找球手，在人们的欢呼声中抓住金色飞贼，为格兰芬多争光，我会去霍格莫得村，在"三把扫帚"里喝一杯黄油啤酒，再去"猪头酒吧"里坐坐。

当然，佐科笑话店也是不能错过的，我会在里面买许多的魔法小玩意儿。接着再去对角巷，在乔治和费雷德的店里转转，看看黑魔标记的糖，玩一玩伸缩耳。如果有可能的话，我还想去你们那里的魔法医院，去看一看纳威的爸爸和妈妈。

天气好时，我会和海格一起喝茶，逗弄一下巴克比克，再顺便品尝一下海格的岩石饼，如果我咬上几口的话，估摸着就会去校医波比·庞弗雷夫人那报到吧！当然，我也会看准时机，恶搞一下马尔福的儿子，给他施一个小恶咒。还要抽出时间去费格太太那儿一趟，和她聊聊魔法界的趣事。

在圣诞节的时候，我会披上隐形衣，骑上飞天扫帚，去陋局玩玩，看一看芙蓉和比尔，再到乔治和弗雷德以前的房间里找一找还有没有剩下的呕吐糖……

亲爱的哈利，以上的这些只是我的想象，现在的我正期盼着有一天，有一只猫头鹰飞到我家，给我送来一封来自霍格沃茨的信，上面列着我上魔法学校所需要的书单以及生活物品的清单，信的最后落款是斯内普的签名，还盖着印章。这样的话，我就真的可以到你们那个世界，当一名真正的巫师，实现我的梦想了！

对了，今天是我们的双十一网购节，一个全民抢购的日子！真想知道，在你们那里，会不会也有这样一年一度的狂欢购物节呢？如果能给我回信，请记得随信给我寄一盒巧克力蛙哦！

祝一切顺利！

梦想成为巫师的黄语晨<br/>2017.11.11

# 光阴深处桃花酒

华韵沁

小巷儿里的老屋真的很老了。

踏过黛色青石板台阶上的苔痕，轻轻地推开那厚重而斑驳的木门。打开了一些尘封的记忆，怀念起那已逝去的岁月。

老屋的墙壁爬满了绿藤蔓，一扇窗户半掩着，一阵风吹过，发出了不堪一击的"吱吱嘎嘎"声。屋子的南面立着一株矮矮的桃花树。桃花树长势甚好，每年待到二月初春，枝丫上潜藏已久的花骨朵儿，便爆出花蕾。刹那间暗吐浓芳，醉倒了老屋旁的一草一木、一物一人。

从我记事开始，每到这时节，只要听得外婆一声"采桃花，酿酒喽"，我便欢呼着跑出屋去。我挽着一个小篮，外婆挽着一个大篮；我踩着一个小凳子，外婆稍稍弯下腰去。一老一小，在烂漫桃花中忙碌。半天，收获了两篮的芳香和甜蜜。傍晚回屋，外婆用清水将桃花洗净，取出几个小盒子，一层绵糖一层桃花码在盒中。外婆将它们密封，放入竹筐，盖上麻布，拎到角落。

半个月后，外婆和我将竹筐拎于堂屋正中，小心拿出盒子。一缕浅阳衬托下的桃花酱可爱诱人，散发着柔美的光环。打开盖子时的醉人甜香使我陶醉，用一把银勺蘸一点儿放于舌尖品。糖的甜与花的香交织，使味蕾为之战栗，荡漾于口鼻之中，妙不可言。接着外婆将一坛早已放置于屋外的清酒搬进屋，慢慢将桃花酱倒进酒中，屋里顿时弥漫出一股淡淡的幽香。外婆将一只瓷碗倒扣在酒坛上，在酒槽之中放些许清水，仍搬到屋外。

五月初，天气稍稍转热。在晚上，打开酒坛子，经过时间的打磨，桃花酱与酒已融为一体。用小勺子舀出，勺中的酒已有些红晕，两三片花瓣漂浮在上。尝一口，醇香浓厚、沁人心脾的酒香在口中蔓延，久久不能散去。一勺接着一勺，我不停喝着。看着我贪婪的模样，外婆总是拍拍我的头，慈祥地笑着："囡囡，慢点儿喝，别喝太多……"

伴着初夏的晚风，桃花酒更是令人心醉。皎洁的月光为大地披上了一层银色的薄纱，坐在院里的躺椅上，仰望明月，品着花酒，优哉游哉，好似天仙下凡。

吃着外婆的桃花酒，带着淡淡的醉意入梦。半个多月，吃完了一坛子酒，看着黑洞洞的坛底，总是意犹未尽，企盼着下个春天快点儿到来。

如今，老屋早已不见，那棵桃花树也被砍倒。一切好似一场梦。时代在更新，一代人的记忆却在逝去。小土屋变作了高楼大厦，田地变作了纵横交错的柏油马路。

好想再回去一次，回老家，回到那已逝去的乡土岁月中去，回到那记忆深处的桃花酒香中去。再品一品外婆亲手酿的花酒，再醉一次，做个酒香醉人的梦……

# 痕　迹

白莹菲

三月，梨花，浅香，缠绕着衣角，掠过熙攘人群。桥头，有一风烛老者，摇动手中铁炉，守候着这座老街。

午后，坐着船舫，微雨蒙蒙，悠然赏景，不觉有一抹暖暖的、麦米的香气，在无言牵引着我。回眸，瞥见一树洁白。树旁，是一位老人，隐约窥见，他似乎在摇着什么。

上岸后，漫步过曾经的十里长街，又回到了那个桥头，熟悉的香味又在微风中流淌。这回看清了，他是在用铁炉爆爆米花。由于春雨尚未敛去，他在一旁支起了一把褪色大伞，独坐于小木凳上。手，褶皱得像一枚核桃，看似无力，却不曾停歇。双眸凹陷，可一直都注视着手中铁炉。墨黑沧桑的铁炉，是一代人儿时痕迹，是一代人永久记忆。

十五年前，城市改造，沿街一排青砖黛瓦，被迫拆迁。宁静的诗意，似一卷被火焚烧了的画，随繁花褪色，凋零于梦境。唯有那一树洁白，和那不忘初心的老人，才是老街见证，岁月见证。

"小姑娘，要不要爆米花？"老人总算抬起头，面容中，满满书写着生活的艰辛。

我心中仍缠绕着情结，理不清，剪不断，老人浑浊的声音似穿透我层层雾霭迷茫。我莞尔，拿了袋爆小麦和爆蚕豆——这是我爸爸当年最爱吃的。老人接过钱，颤颤放入熏黑的铁盒里，随后又开始摇动了铁炉……

细雨微凉，难解惆怅，或许，再经历几个春秋，那种铁炉爆的爆米花，会如尘埃散落，渐渐搁浅，直至消失无影。电影院里用机器爆出来的风味爆米花会愈受欢迎，它制作快速，无须人力，还口感甚佳。可毕竟不是用汗水换得的，必然没有情感和回忆，还有那谷物原汁原味的香。但当老街痕迹被完全抹去，这世上还存着多少暖意呢？

再回眸，春雨稀稀，梨花零落，混在散于地上的爆米花碎屑中，已分不清谁是馨香，谁是回忆了。

它们，都是那抹洁白的痕迹。

# 糖　画

徐乐怡

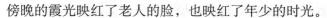

傍晚的霞光映红了老人的脸，也映红了年少的时光。

巷中住着一位买糖画的老人。他已满头白发，却依旧步履蹒跚地从巷头走向巷尾，吆喝出了糖画的清香。糖画在清晨的阳光下愈发晶莹，拿一支举在手中，倒也有了几分甜意。老人估摸是五六十岁模样，每天早早地起来，吃过早饭后便忙碌着做糖画了。他的手法很娴熟，当金黄色的糖浆在铁板上流动时，吆喝声便响起了："卖糖画咯！卖糖画咯！"自幼便爱吃糖，所以也总爱跑到老人身边，眼巴巴地看着。母亲总会拉着我，嘴中念叨着早上不吃糖……有时，老人会叫住我，将一支糖画递与我，仅是笑意满眸，不多言语。母亲静静地站在一旁，也笑着。接过糖，轻轻地舔上一口，只觉整个世界都甜蜜起来了。

在一个个明媚的午后，他站在巷口，面容已有些许的沧桑，抬手，糖浆自杯中缓缓落下，在板上勾勒了流水般岁月，阳光自屋檐滑落，跌落进眸中，化作了点点星光，闪烁。不久，诱人的琥珀色伴着浅浅的甜与蜜在空气中弥漫开来。咬上去，是有些脆，秋天的时候，会带有桂花的馥郁依人，那是老人将桂花拌与其中了。最是喜欢冬天，在冬至那天，买一支糖画把这巷子走一遍，温暖于是也就浑然不知地将自己包围了。

　　许久未去那个巷子了，近日，再归，望见了那抹熟悉的金黄。它在阳光的照射下反射出耀眼的光亮，自心中涌出了太多太多的回忆，嘴角也不自觉地上扬了几度，兴冲冲地跑来上去，买了一支糖画。老人明显老了许多，他也不认识我了，但那糖画，入口，仍是记忆的味道。熟悉的面容，往事历历，旧梦依稀。这味中，似还有一盅岁月的重量。月光照过了春夏秋冬，年轮何相记？回首处，是追忆。抬眸，再望见儿时的欢乐与笑颜。一相见，便难忘。

　　这糖画中，藏着的不仅是回忆，还有那世间无处不在的温暖啊！幼年的青石板在冬日中结了霜，绕过紫陌垂柳，伞也带着幽香，转角处吹皱了衣裳。一抹金黄，淡淡石墙，染了眼眸，醉了人心。时常还能想起，老人的身影，夕阳在巷尾隐匿，越过弄堂的，唯有甜意与欢喜。梦回江南，必定会梦见那小巷。斑驳的青苔在角落一片片滋生，潮湿的空气散发着些许好闻的味道。总能望见，巷口那位老人的身影，他似一抹月光，清亮亮的，在记忆中挥之不去。梦境中，模糊，却又分明如此真实。至今，也依然想念那老人与他的糖画。在那些斑驳的日子中，陪伴了我许多的绵长时光。素指间，时光便流淌去。后来，每次见谁拿着糖画，便可亲。

　　水墨年华，此情定是暖人心，欢小喜。世间，温暖与爱，定是结伴而行。

　　将暮未暮，屋檐间，糖香绕梁。

# 与猫凝视

陈铭宇

我家门口有一间车棚，里面虽然什物杂乱，却是猫儿们的天地。

冬天的夜晚来得特别得早，记得那时的我还是个小学生，每天放学回家后，早已是夜幕低垂，天空中零星地撒着几颗星星，明亮耀眼。其中有几颗星星正用顽皮的眼睛眨呀眨地望着我。

我走进车棚，夜静得出奇，悄无声息，连小孩子的笑声都消失了。铁杆上的一盏忽明忽暗的黄灯也无声地熄灭了，四周一片黑暗与寂静。

忽然，我隐约看见一颗黄宝石，闪着独特的光芒，没有阳光美丽动人，却格外地柔和，让人觉得亲切。紧接着，又有一颗亮了起来，两颗黄宝石一起一上一下地移动，缓缓地向我靠近。一种爱怜之情充斥着我，使我情不自禁地俯下身来，和它对视着。那双眼睛透着好奇、无助与可怜，也怀着对我本能的戒备。我伸出双手，想抚摩一下它的头，可在这一瞬间，车棚的那盏灯又鬼使神差地亮了起来。顿时，猫儿不见了，我抬头一看，漆黑的棚顶闪过一缕白色，好一个矫健的身姿，它定是被这灯光惊得逃跑了。我也站了起来，缓缓向家走去，一边走一边想，也不知是怎么回事，以前只要一想到猫，总会想到它那让人恐惧的利爪，但这次，也许是它那柔和动人的眼神让我对

风会记得每一朵花的香

猫的恐惧感消失了。

自那以后，我便对猫产生了特别的情愫。

又一个"无月星却稀"的夜晚，依旧是闪着昏暗灯光的车棚，依旧是那个灰尘满布的什物堆，依旧是闪着亮光的一对黄宝石。这次，我走了过去。夜，依然是那么寂静无声，只有脚踩在尘土堆上发出的轻微"沙沙"声。猫儿并没有躲避，双眼不住地盯着我，眼中依然是孤独、无助与可怜，只是那份戒备消除了不少。我轻轻地走到它身边，它也不再逃窜，我掏出了准备好的猫粮去喂它，它的目光顿时充满了好奇与疑惑，却始终不敢张嘴吃一口，哪怕舔一下也不，它的警惕性可真高！无奈之下，我只好将装猫粮的罐子轻轻放在它身边，随后我便慢慢地退了回去，静静地在远处凝视着那双琥珀似的眼眸……

又一日，清晨，太阳还未出现，空中弥漫着不浓不淡的雾气，身上好像披了一件素纱，清清凉凉的。我径直走向车棚，只见灰黄的尘土上躺着一个空罐子……

从此，我便和这只猫成了朋友。

每日放学回家，当"沙沙"声响起，猫儿便会一下子蹿出来，跳到我身边，依偎在我的身旁。我们一起坐在什物堆上，我抚摩着它的头，那光滑的毛，舒展了我的心。更多的，还是彼此凝望着对方的眼睛。人、猫，虽语言不通，但用目光交流，却能达到心灵的畅谈。看它，看懂了流落街头的酸楚，看懂了无人爱怜的孤独；它看懂了我的什么，我不知道，也许是一个被忽视的生灵的心底感受吧。

这样的凝望持续了一段日子，后来，我搬家了。

又是一个没有月亮的夜晚。我正在灯下看书，猛然间听见了几声纤细的"喵喵"声。推开窗户，外面人家点着几盏昏暗的黄灯，房顶上，一只浑身纯白的猫站在那儿，一对琥珀似的黄眼珠，正放出柔和的光芒，目不转睛地盯着我，这对眼珠怎么这么熟悉呢？

我也望着，望着，望见了那夜的凝视，望见了猫儿的双眸，望见

# 好 书 如 盐

周梓涵

　　我读过的书很多，每一次读书仿佛就是走进了书中的世界里。文中的主人公开怀大笑，我也捧腹大笑；文中的主人公哭，我的泪水也在眼眶里打转。有时看书忘记了时间，一看就是六七个小时。

　　我看过的书里，其中有一本书让我百看不厌，那就是曹文轩叔叔写的《青铜葵花》。曹文轩是一位著名作家，他写的文章纯情、美好，让人可以时时刻刻地感受书中主人公那份纯洁的友谊。

　　《青铜葵花》主要讲述了青铜与葵花的真挚友情。葵花的爸爸溺水身亡，葵花就成了孤儿，大麦地村村主任把葵花领到了大麦地最古老的代表——大槐树下，让大麦地所有人家都来看看，谁能把葵花带回家去，认养她。谁知，大麦地一百多户人家里面想认养葵花的竟是最穷的一户人家——青铜家。从此，青铜就和葵花成了手足情深的好兄妹，青铜虽为哑巴，却特别理解葵花，相处得特别好。葵花晚上没有灯写作业，青铜就拿个罐子捉来萤火虫，用萤火虫的光照亮葵花写作业。当葵花被老师选中了要上台报幕，青铜就做了一串冰项链，葵花傍晚报幕时，脖子上的那条冰项链受到了老师、同学和父老乡亲的赞叹，也让葵花成了这场表演最夺人眼球的主角。但最后，干校的人要接葵花去城市里居住了，青铜十分伤心，用尽平生力气，大喊了一声："葵花！"从这本书，我明白了人要学会感恩，懂得友谊的真谛。

好书如盐，普通却可贵。盐给我们造血，而好书给我们造精神之血，筑牢我们的精神大厦。这两种"盐"，我们都不可缺少。所以，同学们，让我们多读书，做一个快乐的读书人！

# 享受文字的魅力

张雪琦

也许，在屋檐下，在绿树旁，在小径边，你会看见这样一群人。他们手捧一本书，仿佛时间停止流淌，静静的，享受着，享受着文字的魅力。

博大精深的华夏文字，是方方正正的，经历过沧桑洗礼的老人；俏皮的英语单词，是蜿蜒起伏的，日日都活泼欢乐的孩童。还有那些各式各样的各国语言，都是万千世界中的一个个步履或轻快，或稳重，或急速，或缓慢的人。它们有着不同的面目，却是人与人之间情感的信鸽，人与人之间思想的摆渡者。这样的文字，它们魅力不是用来感受的，而是用来享受的。

爱享受文字的人都知道，那看起来平凡古板的文字，却是跳动在书页上的一个个精灵。一个文字是古板的，可是万千文字融合到了一起时，那一个个或直或弯的线条，就会投射出光彩照人的魅力。正是这些文字的魅力，灌溉了那些坐在书前的学者们那虔诚的心灵。

爱享受文字的人，心灵便是一片沃土。他们的心灵有阳光的哺育，露水的浇灌，从而生出了一丛又一丛绿意盎然的小草。在文字这股清风的带动下，一天绿过一天，一天翠过一天，一天比一天更富有生机，一天比一天更富有活力。因为，那草里，凝结着文字那生生不息的力量。在享受文字魅力的同时，那心灵之草也会漫步在每一个角落，驱散阴暗与潮湿，散发生机与活力。

相反，那些厌恶文字，不愿接近文字的人，心灵会从土壤变成沙漠，只有干旱，而没有一丝生机。少了文字的灌溉，只会多出无数阴冷的角落被人遗忘。天长日久，他的心灵就失去了光芒，只剩下了一片黑暗。这时，哪怕有天赐良药，黑暗也不会重返光明，沙漠也不会变成绿洲了。一个人的心里要是没有了文字，就没了力量与活力，即使是身处六月，心灵也只会是冰天雪地。相反，要是一个人的心里处处都弥漫着文字的活力，那么，即使身外是寒冬腊月，心灵也是一片春意盎然的景致。

享受文字的魅力，与其说是一种雅致，不妨说是一种人的习性，是一种心灵的养分。但愿处处可以见到这些享受文字魅力的人。

# 书韵传香

韵　沁

爱书，爱读书，爱品书。爱它的理由很简单，因为爱生活，所以爱它。

荀子在《劝学》中说："吾尝终日而思也，不如虚余之所学也"；高尔基，这只傲于风雨的海燕在暴风雨中呐喊："书，即我们的朋友，我们的老师。它是人类进步的阶梯"；林语堂在自己的小屋中捋着长须，低首沉思："开卷有益，掩卷有味"！

书，何尝不是智慧的结晶，人类的益友呢？

在我们愁闷时，它与我们承受；在我们悲伤时，它为我们分担；在我们开心时，它与我们分享……在周末，漫步于书香满屋，书韵传香的图书馆，轻取一本龙应台的《目送》，细细品读。呵，多么美好！

人世间的种种，天堂的美好，人心的纯洁，一天、四季的花开花落，橙黄橘绿，一刹那便如明净的湖水，在一本本书中荡漾开去。

源远流长的历史书，博大精深的科普书，令人陶醉的散文书，潜然泪下的小说书，令人心灵震撼的武侠小说，都是我们的老师。无知的我们，在书海中遨游，在无声老师的教诲下一步步走向崇高！

我最爱在黄昏时刻的海滩边，等着那夕阳的余晖透过树枝，在屋顶上投下斑驳光影，搬一张躺椅放在屋门口，手捧林清玄的《散文集》，口呷一杯绿茶，随着郁浓的茶香在口中蔓延开去，一个个清淡纯朴的文字蹦入脑中。

刹那间的浪打暗礁、雁鸥啁啾声戛然而止。西边一轮红太阳渐渐隐没于大海之中，水天一色。我沉浸在书韵中了。手轻拂页梢，品味着书。读罢，仍意犹未尽。沙滩边，已亮起一盏盏夜灯，双眼蒙眬处，一种幸福舞动心头。抹不去，散不开！

书韵传香。呵，有书，真好！

## 我就是我，不一样颜色的火花

　　不管是现在还是未来，我坚持自我，不盲目从众，但也不自以为是。我就是我，与别人不一样的火花。相信，绚烂多彩的火花会让世界更精彩。

# 和一棵树做知音

淞 名

自从踏上峨眉山，我便决定用山间雨，山间风，带走心头迷途叶。

伏虎寺，黄袍僧。碧绿林中，一抹沧桑，亦如峨眉原本模样。青砖，嫩苔，通往伏虎寺的虔诚路上，山路崎岖，但我的脚步坚定信心满怀。眼帘中乍现那黄袍僧，还有那株香樟。

此樟，善利万物而不争。无论雷击，雨打，风卷，那碧绿的叶总是充满生机……此僧，入定于樟前已久矣。平静地与这千年的生命对视，平等的，平淡的，任那须发随山岚起伏，甚至缠绕在新生的嫩枝，树干之上。带茧的手缓缓地从袈裟袖中抽出一根沉香，在樟面前肥沃的土地中插下。左手拂开前襟，跪下、磕头、站起，动作干脆，毫不犹豫。随着钟声，他看见了我，向我招了下手，便先行进了佛堂。

那是位老僧，目光平和，眉宇间有一股超然物外的气质。我上前问道："师父，您为何祭拜一棵树？""哦，它啊，今天过生日，去看看它，陪陪它……"

陪香樟过生日，何等境界？何等超脱？就如梭罗在瓦尔登湖旁闲看四季轮回的境界。我却如此清醒。那是祭拜生命，敬畏生命，和一棵树做知己。对视这些普通的植物，内心却涌起层层涟漪。树虽然普通、平凡，但每天都值得被敬畏和庆祝。有生，便有死，没时间回想美好过去，没时间展望精彩未来，至少从下一刻开始，生命璀璨。

虽然是一次偶遇的场景，但老僧给香樟树过生日的情节却深深地烙在我的脑海。我要感谢那些偶尔出现并打动我们的平凡之人和微小之物，让我们的内心下一场雨，并掀起美的浪花，令我们动容。生命之路不一定处处坦途，一路上最是那些不起眼的角落，无人瞩目的地方，却有着最美的风景。这些风景，那些人物给我们太多的感动，让我们学会与世无争，学会敬畏与珍惜。

想起诗人兰德的那段话："我和谁都不争，和谁我都不屑，我爱大自然，其次是艺术，我烤着生命之火取暖，火萎了，我也准备走了。"是的，我们就应该这样。

033

# 梅在等雪

乐　怡

梅在等雪，等一场铺天盖地的大雪。

儿时的冬天，总是在外婆家度过的。外婆家小院中种着几棵老梅树。那枝干，使劲地向外伸着。"冬雪雪冬小大寒"，每当到了下雪天，那纷纷扬扬的雪花，就像扇动着翅膀的白蝴蝶，轻轻地飘飞着，落在梅树的枝头上，树叶上，花瓣上。这星星点点的白，夹杂在细碎的黄中，惹人怜爱。

已许久未去外婆家了，我便打算趁春节去探望一下外婆，也探望一下梅树。"外婆，我下午回来看您！""好的好的！"电话那头，掩饰不住的喜悦溢了出来。一路上，鞭炮声不断，思念也不断。太阳虽高高地挂在天空中，热气却被"呼呼"的北方卷去。不远处，外婆在门外站着，就算是被刺骨的寒风刮着，也努力地露出一丝笑容。那笑融成了一抹暖阳。"外婆！"我的心中不觉滋生了一股暖流：这么冷的天，外婆竟还在门外等我！我投入了外婆的怀抱，温暖如初。日复一日，外婆的思念也许已经超越时间了吧。儿时那些美好的时光，也许被岁月冲淡了，但外婆的那些叮嘱："天冷了，多穿点儿衣服。""要多喝水。"……依旧在我的耳畔萦绕。既然，陪伴是最长情的告白，但等待，又何尝不是呢？虽是这么想，心中最挂念的却还是记忆中的几棵梅树。与外婆聊了一会儿，我便急匆匆地奔向了院中。

我向院中望去，那几棵梅树虽开了花，却显得那么稀稀疏疏，在阳光的照射下，那几朵抢先开放的梅花，仿佛是没有精神的蝶，停在枝头休息。枝条在寒风中发抖，有些单薄、静默，被风吹的我的眼角有些干涩。我张开嘴，欲言又止，只是摸了摸那粗糙的树身，便离去了。果然，梅花也经不起时间的无情吧！

回到屋中，屋外不知何时下起了雪。这雪让我心生欢喜，忍不住跑出屋，用舌尖去触碰它的温度。嗬，冰冷又灼热，我的心中有什么被唤醒了。我似乎想起了什么，拉着外婆，直奔院中。披上白衣的梅树，跟外婆容光焕发、红扑扑的脸相映成趣，满院华彩。梅树因为有了雪的点缀，显得更加精神。冷风吹过，黄昏之后的小院显得更加静谧。梅花散发出的幽幽淡香，令人心旷神怡。我不禁忆起卢梅坡的《雪梅》："有梅无雪不精神。"

梅纤弱地似乎随风摇曳，一个念头从我的脑海中一闪而过：梅花等雪，外婆等我。是啊，这何尝不是呢？梅因雪而更加冰清玉洁，这雪，便是梅一直的期盼、等待。外婆的爱就像这梅香，清幽含香，美丽含韵。而我，就是雪，也滋润着外婆，从而氤氲的是一缕缕刚刚好的爱意。

梅在等雪，外婆在等我。

# 敬　畏

瞿子钰

鸟窝里刚刚生出绒毛的小鸟像一团柔软的云朵，"啾啾"地叫着，仰着小脑袋期待着它们外出寻食的父母。阴影从树底盘绕着向上，黑蟒吐着猩红的信子，悄悄接近鸟窝所在的树梢……

"让我去赶走它！"

从镜头里看到这一幕的他气得脸色通红，正要从三脚架后跃出，却被师傅一把按住。

"不可以！"师傅饱经自然烈风锤打的黝黑面庞上，流露出一丝慑人的冷酷，"你忘了之前我和你说过什么了？"

说过什么？

他不过是一个新晋的野生动物摄影师。一个多月前刚刚来到这片森林保护区，满脑子美好的幻想，渴望与神秘动人的自然来一个亲密接触。第一天见面的师傅却临头浇了一盆冷水。

"你不适合。"师傅冷冷地瞥了他一眼。

"我怎么不适合了！"他一听就跳了起来。

"你懂什么叫敬畏自然吗？"

"我……我当然懂了！"他略略想了一下，得意地笑了，"前两天，在森林里，我可是做了一件大好事。我从一只秃鹫的爪下救了一条尾巴尖儿有白斑的小黑蟒。像我这么有爱心的人，能不懂什么叫敬畏自然吗？"

师傅的脸色更难看了。

回忆起那时师傅阴沉得好像滴得出水的脸色，他的心中有些发怵，便不再使劲挣扎，只是愤愤地又回到了摄像机后，胆战心惊地注视着愈发接近的黑蟒，黑蟒漂亮的带白斑的尾巴尖儿在树干上滑过……

等等！他猛然想起了什么，脸一下子白了。

难道这是他曾救起的黑蟒？他自以为的善举，竟酿成了如今即将发生的惨剧。怎……怎么会这样？

自然总是给他以猝不及防的一击。

初入自然，他看到的是纤细的阳光从树叶的缝隙间落下，脚边点缀着的是五彩的蘑菇，蓝色的蜻蜓落在草尖上轻轻扇动透明的翅膀。然而这些童话般的美景背后隐藏着难以预料的危险。精灵一样的漂亮蘑菇多半有着可以置人于死地的剧毒，丰美的草叶后也许有一条毒蛇正虎视眈眈……

他美好的幻想被现实击碎。自然的威力在他面前缓缓铺展开来，他心中的畏缩让他似乎隐隐有些明白师傅所说的"敬畏"的含义。

"你认出来了吗？"师傅拍了拍他的肩，打断他的沉思，"这就是你所谓'敬畏自然'的后果。"

"那我该怎么办？"他颓唐地抱住头。

"看着就好，不要去打扰自然。所有的生命就值得被平等对待。"师傅缓缓地说。

镜头里，黑色的巨蟒一点点接近了鸟窝，突然猛得一甩头颅，咬住了一只意图袭击鸟窝的秃鹰……

　　他刹那间泪流满面。自然何其冷漠，又何其仁慈……他的抗争和拯救是那么可笑。在自然面前，在所有或凶猛或柔弱的生命面前，他能够做的，唯有静静地观望。

　　唯有深深地敬畏。

# 敬 畏 生 命

刘音希

　　它跟跟跄跄地再次飞起，挣扎着飞向那边的天。

　　校园的花开了，一只又一只白色的小蝴蝶出现在校园。但很少有人注意到它们，它们太普通了，没有五彩斑斓的花纹，也没有宽大夺目的双翅，有的只是极朴素的白。

　　下课了，我和几个同学去音乐室拿教材，在围墙上看到一只白色的蝴蝶。一个同学眼疾手快捏住它的翅膀，拿在手上想吓唬人，我看见那只蝴蝶扑棱着几条细线似的腿，不停地挣扎着，不禁动了恻隐之心："放了它吧，不就一只小蝴蝶。"语气里有不忍，也有对这样一个卑微生命的不屑。

　　同学松了手，可蝴蝶再没之前飞得那么欢了，摇摇晃晃地勉强不使自己跌落在地上。真是弱小呀，我心里叹息着。

　　正在这时，从天桥那里冲来一个男孩，只是一个劲儿地跑，看也不看脚下。"啪"，那一声左脚触地的声响，在下课时的吵闹声中完

我就是我，不一样颜色的火花

全被淹没，可对那只蝴蝶来说几乎是致命的——离地不远的蝴蝶的右翅被踩掉了一半！

它没有流血，它也不可能流血。我不知道它疼不疼，它只是无力地躺在冰冷的地上。一时间空气仿佛凝固了，我立在那儿，呆呆地立在那儿。

突然，蝴蝶的右翅颤动了一下，我的心也颤了一下。不知道过了多久，它缓缓地，挣扎着起飞，然后跌落。它的大脑只有一点点，它在想什么？是什么支撑它再次扇起受伤的翅膀？也许它一心向往美丽的蓝天……我不清楚它的信念，其实也并不需要清楚。因为在我心里闪耀的是对一个无比卑微的生命的敬畏。

一次又一次的起飞，是不是徒劳？一次又一次的挣扎，是不是能让它再次飞翔？这一切的一切都要靠这只诠释生命真谛的蝴蝶来完成，而我不禁对这只不起眼的蝴蝶肃然起敬。

这次，我学会了敬畏生命！

不管是现在还是未来，我坚持自我，不盲目从众，但也不自以为是。我就是我，与别人不一样的火花。相信，绚烂多彩的火花会让世界更精彩。

# 我就是我，不一样颜色的火花

许家恒

世界上有无数的人，而我们每一个人都是独一无二地存在着。哪怕是兄弟姐妹，哪怕就是双生子，哪怕是高超的整容手术，永远不可能有完全一样的两个人。有的胆大如虎，有的胆小如鼠；有的心细如发，有的粗枝大叶；有的率真活泼，有的秀外慧中……我也有自己的特点。当我出生时，就决定那个我的与众不同。

又到了一年一度的班级大选时刻了。毫无悬念的程序，主宰"生杀大权"的老班先进行一番询问，"假如有这样两种人，你更希望谁做班长？A非常严厉的同学。B时严时松的同学。"我心里的小人立刻迫不及待地说，BBBB……我的大脑开始快速运转，不对啊！理论上看，为了班级管理，应该是A类人选更合适啊！今儿奇怪了，竟然半天没人举手。老班又换了一种问法，"不希望严厉的举手？"哎哟！这绝对是偷换概念。我一定要为自己的想法争取一下。

环顾四周，还是没人举手。我的内心狠狠挣扎了一番，毅然决绝地举起了手。瞬间，五十多双眼睛扫向我的手，我的手感到了森森的冷气。老班的眼里也闪过一阵蓝光。我那只独树一帜的手，微不可见地颤了一下。此时内心的小人不断地在筑墙：坚持到底就是胜利。

终于迎来了老班的问话："你为什么这样想？""我有两点理由，一、我们大了，自律性都比较强了，应该对班干进行调整。二、高年级学习任务本身就比较紧，如果班干过严，大家都太紧张，心理压力大，反而不利学习。"我很坚定地说。说完，我就听到了下面同学窃窃私语的声音。也许绝大多数同学都如我想，却不敢言。风呼呼地从窗外吹来，我不由得缩了缩脖子，老师静静地看着大家，好像在想什么。大约过了十几秒，老师点点头，"你说得挺有道理的。"Yes! Yes! 不管结果怎样，但我坚持了自己的想法，很多时候机会是要靠自己争取，幸运之神才会眷顾你。

第二堂课是数学大师老何的课，老何出题刁钻。在课上，我们和老何，以及同学们之间经常会为一道题，甚至一个算式争论得脸红脖子粗。数学是我的得意科目。这不，今儿老何又出怪招。当别人还在

我就是我，不一样颜色的火花

冥思苦想之际，我已经迫不及待地举起了手。开始交流了，大家各抒己见。可笑的事，大家的答案都不同。我指出了其他同学的错误并说明了自己的思考过程，无人反驳我。我沾沾自喜，我的答案肯定是对的。"再想想！"老何低沉的声音让我的心一顿。我又每个环节思考了一遍。遭！其中一个步骤不合理。修正了一下自己的思路，我再次陈述。同学们恍然大悟，老何露出赞许的目光。太棒了！我就是我，如果发现自己错了就及时更正，而不固执己见。

不管是现在还是未来，我坚持自我，不盲目从众，但也不自以为是。我就是我，与别人不一样的火花。相信，绚烂多彩的火花会让世界更精彩。

# 我也是一束阳光

040

顾伊迪

阳光是什么？阳光是一抹温暖、幸福的光，它给予我们快乐、自信。

我的梦想是当一名主持人。每当看到他们站在舞台上报幕时，我就觉得，那是多么让人向往。

机会来啦！三年级时，学校为我们举行"十岁成长仪式"，需要四位小主持人，两男两女。先由各班主任从班上选出两位小朋友去参加选拔，我被班主任选中了，兴奋不已。到了阶梯教室，我发现老师正在给大家发一张纸，我也拿了一张。一看，哦！原来是让我们当场朗诵。

　　我把这首诗歌好好地看了一番，准备上场。当我用心地朗读完以后，老师们都纷纷称赞，说我的朗诵是从心里流淌出来的。那时候，我相信主持人一定是我。可是，当有一位老师提出我个子太高，可能没有男生可以跟我搭档时，我的心上就像是被一层厚厚的乌云遮住了，闷得喘不过气来。那可是我的梦想啊！我拼命地咬住嘴唇，不让眼泪不听话地流下来，闷闷不乐地回到教室，紧张地等待着选拔的结果。那天晚上，我翻来覆去怎么也睡不着，心里总是想着老师的那些话。

　　第二天早上，我六点就早早地醒了，准备问问妈妈，妈妈一脸严肃地对我说："好像不怎样！"

　　"啊！"我伤心地都要哭出来了。妈妈的脸上突然出现了一抹顽皮的笑容，紧紧地抱住了我，用异常兴奋的语气告诉我："宝贝儿，你成功了！"

　　虽然我的内心十分激动，但还是有些疑惑，便不解地问妈妈："妈妈，老师不是说我个子太高吗？"

　　"但是你的声音好听，朗诵得很有感情呀！"妈妈非常高兴地说，"而且，也有一个男生读得很好，个子跟你差不多哦！"

　　就这样，一波三折地我当上了主持人。不当不知道，当了才明白"台上一分钟，台下十年功"的真正含义。他们在台上的绚烂夺目，台下得流多少汗水啊！我每天早晨需要练，中午赶完作业需要练，晚上也需要练，有时感觉睡梦中也在练。练的时候还要注意气息、情感，注意停顿、重音的运用……

　　表演那天，早上紧张地进行彩排。下午，正式演出开始了。我站在舞台上，声情并茂地主持着……

　　我就是舞台上一束光彩照人的阳光！

　　我就是班级里一束温暖的阳光！

# 我不为那件事后悔

崔　涛

　　我曾为不认真学习语文后悔；我也曾为没在朋友生日时送上一份礼物而后悔；我甚至为门口那只野猫因不小心踢了它而后悔……可我从不为那件事后悔。

　　那天，我接到了参加乒乓球区级比赛的通知。表面一副无所谓的样子，其实内心充满了喜悦：我一定要认真训练，为父母、老师争光！

　　我开始尝试与老师对练。可他呢？似乎有一些犹豫，随即发起猛烈地"进攻"，他弓着腰宛如猛虎之势一口将我"吞了"。几个月的训练，我也能勉强截住球，并发起不弱于对方的反击。

　　原以为现在的我可以拿上一个名次，可第一场比赛就将我逼到了绝境。第一局，我拼尽了全力，几乎都用拉球压制着对手，他也挺配合，输了球还冲我笑笑。但他并没有放弃。

　　一局的胜利使我放松了警惕，可第二局当比分定为10：10时，我脸上露出了骇然的目光。面部肌肉不经意地抽搐了一下，他怎么把比分超上来了？

　　最后一球，我搓球过网发球。他右脚压了下去，整个身子向一边倾斜，眼神多了丝自信。接着就清楚地看到球飞向了空中，落到我的面前，哪知这球突然往相反的方向一蹿，我扑了个空，球拍"啪！"的一声砸在了球桌子上。

第三局我几乎没有不在状态，看着对手脚下凌厉的步伐，有力的横拍，挥洒的汗水，坚定的眼神，我就知道我已经输了。

徐徐走出体育馆我知道了：也许你付出的努力甚至比别人更多，但你没有一颗坚毅的心，你永远都只会比别人差一点点，也许只是这一点点你将会和别人分别经历两种命运。如此说来，我还要感谢这次的失败，我一定会改变！

因此，我不为那件事后悔。

# 煤气师傅来敲门

储鲁力

 043

烈日炎炎，酷暑难耐。暑假里，我在家里热得直哼哼。

"砰、砰、砰"，下午五点五十五分，突然听到有人在外面敲门，我有些不知所措。妈妈一般六点才能到家，会不会是坏人趁大人不在家，敲门试探要偷东西？

我脑子里立刻浮现出电视里曝光过的一幕幕坏人作案的场景，决定和他先耗个五分钟。

拿着我的金箍棒，我小心翼翼地走到门口，喊了一句："你是什么人？"

"我是煤气公司的工作人员，过来帮你家检测煤气管道的。"

我努力回想了一下这几天回家经过楼道的情况，好像楼梯口是贴着一张检查煤气管道的通知，但是根据我看电视的经验，在特殊时期伪装成特殊人物的骗子多了去了，我可千万不能放松警惕。

我要先和他核对一下信息。"那么你认识我妈妈的名字吗？"

"知道呀。""我妈叫什么名字？""叫鲁红。"回答准确无误，他已经冲破了重重关卡，可是妈妈吩咐过我一个人在家时千万不要开门，我又想出了最厉害的一招，和老妈核实一下。

我赶紧拿出电话手表和老妈通话："老妈，我在家里做作业，有一个人在敲我家门，说是煤气公司检测煤气管道的，有这回事吗？"

"是的，和我电话联系过，约的六点过来。"

"现在怎么办？"

"你叫叔叔在外面稍微等一会儿，我两分钟后到家。"

六点过了两分钟，妈妈回来了，带领叔叔进来检测，我家的煤气完全合格。

送走叔叔后，我问妈妈："叔叔有没有说我没礼貌？"

妈妈说："没有呀，叔叔一直在夸你警惕性高呢，还教你以后都要这样呢。"

# 为 她 点 赞

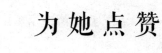

张顾伥

一个寒风肆虐的午后，阳光清冷地洒在大街上。我将手插在冰凉的衣兜内还是感觉不到温暖。

我有些麻木却自然地坐到路边的长椅上，摸出手机。

无聊啊，我刷新朋友圈的页面，茫然地按着右下角的点赞，或许这样才充实一点儿吧！

突然，一阵磨牙一样奇怪的声响吸引了我的注意，我循声望去——

一个中年妇女，套着单薄的半透明的工作衫，那胳膊上的大袖套松松垮垮地一直垂到小臂上。她的手冻得红肿，皮肤紧绷着，反射出珍珠贝一样的光芒，她应该是社区请来铲除小广告的。

她用铁砂球在墙壁上来回用力地搓着，背像一根失去弹力的皮筋，一用力就猛地抽动一下，每一次抽动都是那么精疲力竭。她直起腰来，看看天，搓搓冻僵的手。

终于，她擦完了其中的一面墙，拎起那一坨沉甸甸、湿淋淋的纸团——全是小广告。她颇有成就感地笑笑，又看看墙——

等等！

我吃了一惊，这墙上分明、分明还有小广告！这几张小广告挺扎眼啊，这女人咋这么偷懒！

我有些气愤地走上去，粗声粗气地问道："这些，你为什么不弄！"那女人回过头，有些惊讶和羞怯地笑笑，一边捋着套袖，一边说："留着吧！"我惊讶于她目光里的深情了，我有些不屑地望过去，是什么广告能让她动心又不肯除去？减肥的？美容的？还是？

没等我想出第三个来，我已经看到了答案，那是几则——寻人启事！（当然，也有一张寻狗的）

"张建设，七十三岁，老年痴呆，12月23日上午于濠南路走失，走失时身着……"

"许思明，男，六岁，右手拇指处有一长约一厘米的粉红色胎记……"

"豆豆，公，今年三岁，棕色泰迪……"

这回轮到我惊讶和羞怯地笑了，我挠挠头，问："这算？算你没完成任务吗？"那女人叹了口气："我相信头儿们看到了就明白了。"语气里有几分调侃。

她用手抚摸着那些寻人启事上的照片，喃喃道："寻人启事在，希望就在吧！多几个人看到，总是好的！"

这凛冽的寒风里一下子融进了温暖，我的血液涌向了指尖，即使最简单的工作，她也能倾尽自己的爱，去帮助别人，也许只为自己的心安。她随缘自适地生活在自己的大爱天地里，用冰凉的双手温暖着寒冷的世界，难道我们不该为她点个赞吗！

# 为他点个赞

宇 尧

最近，一部动作片《战狼Ⅱ》刷爆朋友圈，票房口碑均取得好成绩。

作为一名影迷，我第一时间就前去观看了这部电影，看完之后，我的心情久久不能平复，时不时出现笑点，激烈的打斗让人热血沸腾。而这部电影能够大火，背后也隐藏了不少辛酸，最让人佩服的，便是导演兼主演吴京了。

起初，吴京还只是一个获得全国武术冠军的小演员，常在一些武术大师的电影里出演配角，可这并没有使他大红大紫，反而并不被别人看好，但这并没有阻挡他前行的脚步，他越发努力，贡献出不少好作品。

去年，他带来了一部自导自演的电影《战狼》，为了拍这部电影，他甚至把自己的房子都抵押了，也是因为他的执着，使《战狼》取得了不俗的成绩。

有了本钱，他便开始策划续集的拍摄。在《战狼Ⅱ》的开头，有一段长达几分钟的水下打斗戏竟是由一个长镜头一气呵成，吴京也因此险些在水中窒息，再是片中各种大大小小的爆炸，一次爆炸的冲击波把他推倒在地，腰部受伤；一次吊铁链跳跃，他的手臂肌肉被拉伤……有人做了一张图片，详细列出了吴京全身上下所受过的伤，足足有几十处！而他却不以为然，他认为动作戏就是一定要受伤的，炫耀受伤是令人瞧不起的行为。

反观当今演艺圈，有几个能像他一样？现在"小鲜肉"横行，片酬高不说，受点儿小伤也要晒一晒，社会也在趋向于柔弱，柔弱的男生反而会受女生欢迎，而吴京这样的真汉子却不被人看好。要让我们的国家在世界有立足之地，男人就要有男子汉气概，而非弱不禁风。

我要为这部电影点赞，为吴京点赞，为坚持男儿风范的人们点赞。

# 为我点个赞

马甜欣

"丁零零"一阵急促的电话铃响起，爸爸三步并作两步拿过手

我就是我，不一样颜色的火花

机。电话那头王老师传来喜讯："这次，马甜欣十级考试通过了，有空来拿证书。"我听到这个消息大呼万岁，一蹦三尺高。

去年临近十级考试，当时烈日当空，骄阳似火，正是一年最热的季节。爸爸带我去王老师家补课。起初，弹了还可以，可没过多久王老师的音贝逐渐提高，给我找出来许多错误，谁知我的错误还在不断增加，一向和蔼可亲的王老师严厉地批评我说："你这几趟课弹的是什么？在家有没有好好练习？这样子，你还能考过十级吗？"我羞愧地低下了头，爸爸闻声赶来，似火山将要喷发，阴沉着脸说："你在家是怎么练习的？两个小时在那儿磨洋工吗？这么热的天我出来和你打半日子（南通方言），今天开始每天练习四个小时。"我满眼噙着泪花，心情沮丧。临走前，王老师又吩咐说："回家好好练还来得及。"

第二天，爸爸上班之前叮嘱说："好好练，晚上我回来会检查的。"我开始了魔鬼式训练，认真弹好每一个音，仔细看清每一段谱。时间渐渐过去了半个小时，楼下传来小伙伴们追逐嬉戏的声音，我全身上下好像有几万只蚂蚁在爬动，心早已飞出了窗外，满脑子全是他们追逐嬉戏的样子。我还是没能抵挡住诱惑走到阳台四处张望。奶奶笑着说："甜欣，屁股长钉子了吗？"我一听又很不情愿地跑到屋子里继续弹琴了。又过了半个小时奶奶在客厅里看电视，熟悉的主题曲又传到我耳边，我最爱看的《旋风少女》开始了。戚百草打败对手了吗？贤武道官晋级了吗？我的心中有无数个问号，魂早就被勾走了，屁股如坐针毡，真想去探个究竟。这时奶奶开了门说："好好练，考不过明年还要弹。"我的心又被无情地拉回了现实。脖子疼了，手酸了，我就休息一会儿。一只手把另一只手的五个手指晃动，解除关节疼痛；头左右摇摆，缓解肌肉疲劳。

一天就这样不知不觉地过去了，我就这样练习了十三天。考试那天，我弹得行云流水，声音似小珠落入玉盘一样好听，考官听了连连点头。

今天喜讯传来，真是宝剑锋从磨砺出，梅花香自苦寒来。风雨过后一定会看见最绚丽的彩虹，我为自己点赞。

# 为她点赞

伊　迪

当马老师告诉我们写"为×××点赞"的作文时，我的脑海中就浮现了她的身影。那是今年暑期，朗诵班的一位可亲可敬的老师，会享受生活的老师——刘老师。

第一节课，我很紧张，心怦怦地乱跳，久久不能平静。当老师用她那百灵鸟般清脆悦耳的声音说"同学们好"的时候，我一下子被她深深地迷住了！有一位男生十分害羞，不敢上台朗诵，刘老师就在旁边一遍又一遍地鼓励他："我相信，你一定可以的！""要勇敢一点儿！"还带头鼓起掌来，我们也跟着一起鼓掌。等到我们的手拍得通红通红的，那个男生才慢慢地从座位上站起来。可是，到了讲台上，男生两只手抓着自己的衣服，用手指头在上面抠来抠去，脸憋得通红还是不敢说。这时，掌声再次响起，鼓励的话语再次回响在教室里，但他还是沉默着。这时，刘老师依旧非常有耐心，自己说一句，让他跟着说一句，我们也在旁边轻声地跟，他终于说了。这是循循善诱的她！

有一天，我和妈妈围着濠河夜跑。我在路上竟然碰到了刘老师，

我就是我，不一样颜色的火花

在她手上的银色夜光手环的照射下，看到了她额头上那一颗颗晶莹剔透的汗珠，我就知道刘老师肯定已经跑了很久了。我问："刘老师，你每天都跑吗？""对呀，只要没有特殊情况，都运动。"回到家，从妈妈的微信上看到刘老师发了一条朋友圈："今天已跑五公里，加油！"这是热爱生活的她！

我想：刘老师这样有耐心，有爱心，不厌其烦的人还多吗？能够在夏天也坚持跑步，不在空调间里玩手机的人多吗？

我要为刘老师点赞！为她的精神点赞！

# 细微之处见真情

朱培成

爱，有时是显而易见的，有时却默默无闻，可曾体会过那默默无闻的爱，让你心动，让你流泪。

今年暑假，我去夏令营学习一个月，这是我第一次离开妈妈这么久，但是妈妈却看起来很是开心，因为她说："你可以学会独立了。"我知道，这是她的自我安慰。

终于到了送我去的那一天，我内心很不舍得。在火车站，爸爸和妈妈都来了，他们用那微微颤抖的手摸了摸我的头，就和我告别了，爸爸轻轻转过身去，一向严肃不苟言笑的爸爸，他的眼眶里湿润润的。我坐上火车，心里揣着父母那牵挂的心，带着爸爸那眼角挂着泪水的脸离开了他们。

到了目的地，我打了一个电话给妈妈，告诉她，我在这里过得很好，和小伙伴们也都慢慢熟悉了。我听出了妈妈十分激动的语气，这一次，我和妈妈聊了十多分钟，好像有很多话要说，最后还是集合时间到了，我才匆匆挂了电话，深深叹了一口气。

在夏令营里的每一天我都过得十分快。第一次离开父母的自由感让我忘记一切，甚至忘记家里牵挂我的父母。我和军营的小伙伴们渐渐都成了很好的朋友，每天和新认识的伙伴们一起参加故宫寻宝，探索中国文化的奥秘；与外国友人亲密拍照，感受朋友的热情；参加军训列队、射击、打靶等各种有趣的活动。

在夏令营的第五天，妈妈终于打来了第一个电话，问我过得好不好，是否适应那边的生活……我很不耐烦地和她聊了一会儿，就说有事挂了电话，就这样，妈妈每隔五天打一个电话，我每次都是不耐烦地和她聊两句就挂断电话。电话一挂，我就和小伙伴们一起出去玩了。

一个月的夏令营终于在我们快乐的欢笑声中结束了，回到家，我却发现家里只有爸爸一人。"妈妈呢，妈妈去哪里了？"我放下背包，急切地问爸爸。平时妈妈最关心我了，怎么会不在家？我心里默默怪妈妈。爸爸说："妈妈为了你，发烧在医院挂水，还不让我陪她，说你今天要回来！"我心想，妈妈为我什么了，我都这么长时间不在家。

这时，我看到桌上有五个包裹，我十分好奇地打开一看，里面全部装的是生活日用品、零食、衣服……我又仔细看了看纸盒外面的日期，这不是妈妈每次给我打电话的日子吗？这时我知道了，妈妈每次从我嘴里知道了一些信息后，就亲自去买我需要的东西，再寄给我，但上面都写着"查无此人"或是"电话无法接通"，看到眼前的这些，我傻眼了，心里是满满的感动，妈妈对我的爱竟是这样默默无闻，悄然无声。

我就是我，不一样颜色的火花

这五个包裹，虽然我没有收到它们，但里面却装着母亲那深沉的母爱和浓浓的希望。

# 细微之处见真情

范媛圆

清晨，我漫步在校园小路上，徐徐清风拂过我的脸颊，惬意极了。不经意的一眼望到了那面鲜红的大旗，上面写着"护学守望团"五个黄色而醒目的大字，让我想起了如此细微而又饱含真情的一件暖心的往事。

那是一个初冬的早晨，妈妈开着车送我去上学。因为前一天感冒发烧刚刚痊愈，所以脑袋还有些昏沉，正准备用力打开车门下车时，不远处跑来一位身穿红马甲的老奶奶，她用一双大手为我打开了车门。似乎是看出了我的不适，奶奶扶我下了车。我细细端详了一下她：身材微胖，卷起的头发显露出她的干练，微微上扬的嘴角体现出了她的和蔼可亲，最令人注目的是她那双长满冻疮的手。我努力在脑海里搜索着，这不正是那位被评为"中国好人"的明玉荣奶奶吗？这不是同学们口口相传的"护学岗"的"领头羊"吗？她用那双冰冷的大手握住我的小手，对我说："小朋友，不舒服吗？来，奶奶扶你去学校！"我点了点头。不知为何，我总感觉奶奶的手虽然冰冷但异常温暖；虽然已被冻伤，但分明可以感受到她对护学岗这份工作以及对城中每一名学子的真情。从她对每一位同学无微不至的关爱和帮助中，我可以感受到她对这份工作的热忱和尽责。走到校门口，我郑重地向她道了一声"谢谢"。

细微之处见真情，明玉荣奶奶那双被冻伤的手和对城中每个人的关爱，浓浓的真情汇成一句话："夕阳最美，晚照情浓。"

# 细微之处见真情

陈瑜秋

不知是什么时候开始，我总会在半夜十一点醒来，因为我知道在此时，会有一抹真情在细微之处绽放……

又是一个晚上，将近十一点，我迷迷糊糊地睁开眼睛，像是习惯似的看向门口。门发出轻微的"咔嚓"一声，门把手缓缓移动，一抹微光泻进房间。妈妈，那最熟悉的身影又如期而至。借着那抹微光，我看见她瞪大眼睛，迅速扫了一遍房间，之后，又用手挡住手机的光源，照亮房间一隅，她一点儿一点儿推开房门，是那样慢，那样小心翼翼，轻手轻脚，生怕发出一点儿声响，但妈妈的眼神中，似乎有着无限的温柔，房门太远，看不大清楚。

妈妈终于进来了，她踮起脚尖，几乎不发出任何声响，手机的灯光从床尾照到床头，却总是不会照到我的眼睛。她蹲在我的床边，发现了我伸在被子外的手和脚，于是，她一只手轻轻地托起我的手臂，一只手轻柔地掀开被子，轻柔又缓慢地把我的手放进去。我偷瞄了她一眼，看见了她溢满温柔与真情的眼眸。她是如此细心，好像连呼吸

我就是我，不一样颜色的火花

都变得很轻柔，仿佛怕一不注意就会把我吵醒似的。妈妈又重新帮我盖上被子，依旧是那么小心，终于，我全身都盖在被子里了。她似乎也如释重负，但却还不着急离去，她伸手轻抚着我的脸颊。妈妈的掌心是那么温暖呀，此时此刻，人世间所有的真情，都凝聚在了这股温暖当中。妈妈的脸上，是最幸福的笑容，嘴角微微上扬……不知过了多久，她才起身轻轻离去。整个过程没有一点儿声响，就像她从未来过一样，可这小小的房间内，早已溢满真情与幸福，我又甜甜地进入了梦想。

每天晚上，我的卧室中都会上演这熟悉的一幕。在十一点钟来看我一眼，为我盖被子，似乎已成了妈妈的一种习惯。可是亲爱的妈妈，您一定不知道，我也会在十一点钟醒来，悄悄注视着您啊！这每天都会上演的细微一幕，已渐渐成为我和妈妈间溢满真情的仪式……

细微之处见真情。是的，亲爱的妈妈，只要您看我一眼，我就能安然入睡……

054

# 细微之处见真情

顾张婧文

温暖，是一杯暖心的热茶，一双关心的手套，一句关切的话语……这份真情，就在我们身边，无时无刻不令我感动。

仍记得上学期的体育课。那是一节让我有些害怕的考试课——立定跳远。听闻此消息，我立马乱了阵脚：说来惭愧，别看我这么高大立定跳远对我来说可是一大噩梦，偶尔能跳个及格便算是幸运。我羡慕地看着同学们轻松过关的身影，在一旁一遍遍地练习着。

似是看出我脸上那掩盖不住的失落，陆纪涵关切地询问："跳不过去吗？"我点点头，陆纪涵的个儿也不小，可她的成绩却是"优秀"，跳了一米七一呢。我连忙向她"取经"。陆纪涵在仔细观察我的动作后，敏锐地发现我的错误："你的腿蹲得略微低些，相信你在跳跃过程中一定降低了许多吧。"见我百思不得其解，陆纪涵便亲自"上阵"替我解惑。只见她一屈，一蹲，一跃，便跳出了令我咂舌的距离。"手在膝盖关节处，脚上出力，不用让大腿部分用力，尽可能在空中多'向前'些。"我仿照着她的动作，接连试了几次——呵，这方法真神！我竟一下有了飞跃的进步，能跳到一米六了！

再尝试几次，便轮到我了。我站在规定位置，挥动双臂，看着周围同学，心里还是有些忐忑不安。我的前两跳均发挥失常，都在一米四八之间徘徊，我心中渐渐灰心和急躁，真怕下一跳仍是这个结果。突然，一只充满暖意的手搭上我的肩膀，回头，看见陆纪涵正绽开灿烂的笑容，如阳光般美好。她漾着笑意，充满信心地为我鼓励："我相信你，你一定能行！"陆纪涵的话语似一剂良药，让我冷静下来，我也送给她一个微笑，重新站到备考位置。我静下心，目视前方，屈腿，发力，奋力一跳，抓住陆纪涵传授的要领，跳！"一米六五。"优秀！我立即与陆纪涵击掌庆祝，喜悦之情溢于言表。

她悉心关怀的话语，那双手传来的暖意，让我至今无法忘怀。

我就是我，不一样颜色的火花

# 我也是一束阳光

瑜 秋

望着校园展览厅中的海报上那个女孩灿烂的笑容，仿佛一束阳光照耀进我的心中，我不禁露出了与她相同的笑容……

在与国画结识前，我一直认为自己是一个默默无闻的人。班上的同学似乎都有一技之长，而我却没有一项特别出众的技能，但当我第一次与国画相遇，它如同一缕阳光洒满心田，仿佛泉水从岩石里迸发而出。我开始疯狂地画了起来，从一开始的杂乱不堪，慢慢地变得有章法，有韵味，令我惊喜不已。当听说学校号召学生开画展时，我便下定决心，一定要让我的这项技能发光发热。

可当我准备作品时，却怎么画都不如意，手中的毛笔也变得不听人使唤，线条要么绵软无力，要么过于刻板呆滞。我感到十分灰心丧气。要不要放弃呢？我皱着眉头问自己，可是，我是那么热爱国画，我是多么希望可以找到属于我的阳光呀！我猛然发现，自己以前的作品，空有形式而无感情，我深吸一口气，蘸水，蘸墨。我翻开画册，用心去体会这每一块山石，每一朵云彩，心中不免充满了灵感。我下笔果断，勾画出第一块石头，墨是浓墨，带有一丝枯笔，山石的坚韧跃然纸上，我不由得露出了喜悦的笑容，窗外的一缕阳光悄悄地从窗户缝里钻进来，洒在我身上，也洒在我心上，我专心致志地画了起来，石的刚强，树的葱郁……我沉浸于国画带给我的美好世界里无法自拔，也深刻地意识到，原来自己也是一束阳光，一束能用画笔给人带来美的享受的阳光！

一个月后，学校的过道里张贴了我即将开画展的海报。黄色的背景板上是我如阳光般灿烂的笑脸，素不相识的学生们也仿佛被我感染了，望着我的海报微笑。

那一天，终于来临了，我站在黑压压的人群前，激情澎湃地为我的个人画展做开幕致辞。当同学们兴奋地冲进展厅内，用羡慕的眼光欣赏我的作品时，我思绪万千。是的，国画就是我的阳光，丰富我的内心世界。是的，我也是一束阳光，因为我的作品能给人送去美好，我并不是默默无闻的，我并不比其他同学逊色，我也是一束可爱的阳光！我回头又看见那幅花费一下午时间完成的作品：云烟缥缈，围绕着一座高耸的山峰，一个人正坚持不懈地向上爬着、爬着……此刻我暗暗下定决心，我心中的这抹阳光一定会引领着我在艺术的道路上不断前进。

是的，只要心存热爱与坚持，你就是一束美好的阳光……

# 我也是一束阳光

杨单雯

天空忽然暗下来了。朵朵如黑墨般的乌云在天空翻滚着，似乎暗示着一场大雨将要降临，教室里也立刻暗了些。我抬头望了望天空，

我就是我，不一样颜色的火花

很快又埋下头去。这样恶劣的天气也阻挡不了我的得意和欣喜。现在是美术课，我们正在画树木。这可是我拿手的！我铺平画纸，手握画笔，充满自信。如果此时前面有一面镜子，我一定能在其中看到自己眼中那志在必得的熠熠光芒。

我用笔估测了一下距离，然后便下了笔。勾线笔在画纸上跳起了舞，时快时慢，时而像典雅高贵的芭蕾，时而像热情似火的拉丁，娴熟的笔法，精准的结构，顺利得令我自己都吃惊！不一会儿，一棵婀娜多姿的柳树轮廓便跃然纸上。我看着勾勒出的外形，越发觉得稳操胜券，我似乎已经看到老师拿着我的画向全班展示的场面！

忽然，"唰"一声，大雨倾盆而下。雪白的雨珠连成了线，雨脚真似麻线，无法断绝。我毫不在意，轻哼着小调，细心地一笔一笔地修饰着。就在这时，我的右手只觉一硬，一个东西硬生生地将右手一撞，"啊！"我的手里还握着笔！画纸上乱入了一条长长的粗线，整幅画前功尽弃！真是欲哭无泪啊！努力抑制心中的怒火，我低吼着："是谁？"一个白胖胖的男同学挪到了我的面前。他脸涨得通红，双手互绞着，用蚊子般的声音说："我刚才在过道里走得太急了，撞到你，对不起！"对不起？你毁了我的得意之作，简单三个字就完了？我气不打一处来，刚想发作，却见他正胆怯地站在那儿，眼睛都不敢直视我。见他这副模样，我气消了不少。然而转念一想，教室过道本就狭小，他乱走是不对，可也不是故意的啊，退一步海阔天空啊！想罢，我暗叹一口气，然后嘴角上扬，对他说："算了，一幅画没什么大不了，重画就是了，只是你以后要小心些！"他先是一愣，随即如释重负地呼出一口气，朝我憨憨一笑，"对不起啊！"他的眼睛纯洁清澈。我也一愣，然后浅笑回应。他的微笑像春风，吹走了我心中残留的不满。

看着他灿烂的笑容，我不由得想：我对他的微笑是宽容的，或许这种微笑能使他如沐暖阳，他才会这样开心吧！看来，宽容的笑容可

以使我成为一束暖暖的阳光呢！

自此以后，每每遇到烦心事，便尽量用真诚的微笑回应。嘴角上扬，这个动作最简单也最有魅力。有人说，它能化解纠纷，使天下太平；也有人说，它增进友谊，有了高山流水；我说，它使我成了一束阳光，传播温暖，传递爱心！

# 我也是一束阳光

丛 坤

春暖花开，运动会也打开序幕。

作为班上的"小飞人"，我和另外两名同学成为长跑四百米的运动员。

运动会在我们心中的重要远超考试，所有运动员都在如火如荼地准备着。我和小袁、小张在跑道上不停地奔跑、加速、跳跃，感受到了风的力量，马的速度，将汗水不停地挥洒着，望着那秒表越来越小的数字，我们欣慰地笑着。

运动会那天，天阴沉沉的。

随着枪响，七人同时冲向终点。

我们踏下的每一步，轻盈而又扎实，飘逸不失风范，将"飞人"二字演绎得淋漓尽致。

一百米后，选手拉开了差距，我是第二名，与第一的小张差大约十五米。

好快。

小张像风一样轻盈，电一样迅疾，像一个不败的战士！

突然，他脚踝一扭，摔倒在我前面。

虽然我与他一直是竞争对手，可一种同情心驱使我向他跑去！

"怎么了？"我急切地问。

"扭伤了，小丛，你快冲啊，不要管我！"虽然他很着急，但却有点儿感动的神色，"三班的吕明已经超过你了，加油！"

我看着他坚定的眼神，身体里充满了力量。似乎小张在祝福我，我像闪电一样狂奔，拿到了冠军。

其实小张平时十分冷漠，但当我与他对话时那种感动之色是无法掩盖的。

我相信，当时我也是一束阳光！

060

# 我也是一束阳光

陆紫骞

阳光，带给我们温暖，带给我们快乐……阳光带给我们许多，我们每一个人也都是一束阳光，你也可以带给别人许多。

记得一个星期五，体育课上，老师让我们一组一组地跑步比赛。听到"跑步"这两个字，我整个人仿佛掉进了谷地深渊，再也爬不上来了。可我没有办法，只好乖乖地跑步！我是第四组，不一会儿，轮到我们了，我站在第一跑道，只听老师的哨子一响，开始跑了！大家像脱缰的野马，可才跑了十米左右，第二跑道的张可欣摔了一跤。别的队员还在奋力往前跑，而我却停了下来，快步走到她身旁，把她扶起来，看了看她的伤口流了好多血，接着我就送她去了医务室，治好了伤口，她看着我，嘴角露出了一丝笑容，并说了三个字"谢谢你"。我忽然感觉一句温暖的话，流淌在我的心窝。

从来没有人对我说谢谢，以前我都感觉自己不存在，可现在觉得自己一下子有了存在感，仿佛在湛蓝的天空中见到彩虹，我也是一束阳光，我带给了别人温暖和快乐。

我就是我，不一样颜色的火花

## 那份感动，久久不能平息

　　"那粥绿油油的，一看就是熬了很长时间的，真的很好吃。"我想，对王世芬来说那并不只是一碗粥吧，更多的是陈姐对她沉甸甸的关爱。

# 让我怦然心动的那句话

蒋明豪

在万物复苏的三月，我回到姥姥家，去感受乡村独有的大自然的气息。

那是一种沁人心脾的感觉，使我感到快乐与清爽。

我很早就起来了，可还有"人"比我更早。是小鸟、大树，还有世间万物！

漫步在田间羊肠小道，我贪婪地狂吸着这晨间的新鲜空气。道路尽头的围墙边，我看到了一株前所未有的花，它比玫瑰高傲，比牡丹优雅，比荷花纯洁，比郁金香有气质。它是一个未知的品种。我是在一个草丛里发现它的，周围全是绿草、绿叶，唯有这一朵，高傲地矗立在百草之上。

它随风律动，枝叶之间抖落下的露珠，就像一颗颗小珍珠，装饰它成为这个角落最美丽的"公主"。枝干笔直，远远望去，就像一个亭亭玉立的冰美人。

我不禁由衷地感慨：在这个无人的角落，却生长着这世界上最美的花！我甚至不相信自己的眼睛。

时隔三年，再回忆起那天的景象，我想到了作家马国福的一句话，"世界上最美的花，往往开在无人问津的角落。"这一刻，我怦然心动了！是啊，世界上不缺少美，缺少的是发现美的眼睛！

# 让我怦然心动的那句话

单 雯

　　林清玄的散文集中有这样一个故事：他的一个侄女是美国一家著名公司的高管。在这样的公司工作，其压力是可想而知的。当林清玄好奇地询问侄女是如何面对上司的考察、检验时，他的侄女给他分享了一个五字真经："老板也是人。"她笑着对林清玄说，面对陌生及极为严肃的上司的考察，紧张是肯定的。在这紧张的时刻还要能从容流利地用地道的英语回答老板的问题，就更是困难了。每到这时，她就会暗自说，老板也是人，也遇到过这些紧张的事情，也一定能体谅自己的心境。凡事这样想想，就会觉得老板骤然亲和了许多，也没那么紧张了。

　　这句话也让我怦然心动。"老板也是人"这简简单单的五个字包含多少真理啊！记得一次参加英语演讲比赛。站在演讲台上，强烈的灯光打在我的身上，刺得眼睛发痛。台下黑压压的人群，和最前排素不相识、面容严肃的评委，都使我心中的怯意更增加了几分。我握紧颤动的双手，深吸一口气，默念着："评委也是人。"我想着台下的这些评委以前也一定参加过这类比赛，也一定怯过场，他们不也都经历过这些事嘛，我有什么好怕的呢？慢慢地，我的心似乎柔软了。我在评委的脸上似乎看到了鼓励和期待。我一笑，清了清嗓子，开始流

那份感动，久久不能平息

利地演讲起来。我不发抖了，紧握的拳头也放松了，我越讲越声情并茂，抑扬顿挫的声音在会场上空萦绕。结束，鞠躬。台下响起了热烈的掌声。我长舒一口气，走下讲台。

从此以后，我不但打心眼儿里感谢这"五字真经"，还对它有了更深的感悟。其实，评委或许未曾改变，真正改变的是我的心态。我把它往好处想，改变给自己施加压力的看法，心态好了，什么便都觉得亲切、熟悉了，发挥也就不会失常了。

"老板也是人"这句话像春风，吹散了心中的雾霭；这句话像明灯，照亮了我前进的道路，这句话令我怦然心动，令我受益匪浅，令我刻骨铭心。

# 让我怦然心动的那句话

高　尚

"读书时就认真读书，玩耍时就尽情玩耍！"小学一年级时妈妈的这句话一直铭刻在我的心中，跟随了我五年，成了我的座右铭。

记得刚上小学时，一个周末的早晨，我一个人在书房静静地做着作业，一比一划，非常认真。写写擦擦，擦擦写写，积聚的像皮屑越来越多，看着这细细软软的碎屑，我的"顽皮虫"又爬上了心头。我拿来我的一个小聚宝盒，把碎屑都存了进去，想看看一个橡皮的碎屑能不能像橡皮泥一样再捏回一块橡皮。擦错字的速度太慢啦，我不禁停下笔，不停地擦着白纸，碎屑越存越多，我满心欢喜。这时，妈妈忽然走了进来，看我"忙"得满头大汗，却是不务正业。我想肯定要挨骂了，吓得大气也不敢出，时间一分一秒地过去了，我并没有听见妈妈的"河东狮吼"，忍不住瞟了她一眼，意外的是我并未看到预想的"乌云密布"，只是听到她轻轻地叹了口气，心平气和地对我说："读书时认真读书，玩的时候才能尽兴啊！"妈妈坐下来，抓着我的手："一个上午，才写了几个字，你在干什么呢？"我拿出我的宝盒，一五一十地汇报了我的想法。妈妈莞尔一笑，耐心地开导我："你做作业时分了心，原本上午就能完成的作业没有完成，下午出游的计划就会受到影响。你想想啊，妈妈总不能在你做错事的情况下，还奖励你出去玩吧？退一步说，即使我让你出去玩，你作业没有完成，你自己就没有心理负担？心有牵挂，能玩得轻松吗？"我恍然大悟，重重地点了点头。"快点儿，现在补救还为时未晚！我坐在这儿陪你，今天罚你做好作业才可以吃午饭。"我立刻丢下手中的玩物，全身心投入到作业中，书房里，只听到"沙沙、沙沙"美妙的书写声。

后来，一个大雨滂沱的日子，作文写不下去了，我的心情也随之烦躁起来，似乎有只小魔鬼在我的心里撞来撞去，有种想摔东西的冲动，我使劲做了几个深呼吸。这时，妈妈慈祥的面庞闪进了我的眼帘，温软的话语安抚着我的焦躁，使我一下子平静下来，思绪也随之打开，我继续奋笔疾书。

"读书时认真读书，玩耍时尽情玩耍"，妈妈的这句话使我怦然心动。它拥有魔力，在我遇到困难的时候，总能让我排除万难，勇往直前。它就像一剂良药，在我困顿想要放弃时，总会让我醍醐灌顶，精神振奋。它深深地刻在我的脑海里，永不忘怀，伴我成长。

# 让我怦然心动的那句话

容　谦

　　"时间如海绵里的水，挤一挤总还是有的。"这是鲁迅的话。

　　一个人，一句话，刻骨铭心。

　　民国涌现的作家，数不胜数。独鲁迅，使我百般敬佩。

　　他是一个珍惜时间的人，更是善用时间的人。

　　鲁迅家中常有人来作客，他经常接待到夜里十一二点方才结束。然而，此时，万家灯熄，万籁俱静。他却点一青灯，端上咖啡，熬夜写作。只见他文思泉涌，下笔如有神，奋笔疾书。苦写中，他几乎从不休息，生怕一分一秒宝贵的时间悄然溜走。待到极度疲惫之时，才会在床上睡一会儿，仅两三个小时。似一个战士守着战壕。

　　他在家中，除了写作，就是看书。把一天中能利用的时间全利用上了。日日十几个小时工作，就算除夕夜也不放过。有几年每年写作三十万字！这就是积水成渊的过程。他一生极短，仅活了五十五岁，却给我们留下了六百四十万字的宝贵文化遗产！

　　他的生命，短暂而辉煌，却不曾浪费一点一滴的时间。

　　在前辈如此珍惜时间的激励下，我开始认真读书。时而在《百科》"巨人"的肩膀上了解各种五花八门的知识；时而在《孤独星球》的轮船上环游世界；时而在《环球科学》的望远镜中寻找科学知识。

在鲁迅的指导下才真正发现，读一本好书，就是与名人名家谈心。

鲁迅读书时，经常用丝线、银针、磨书石来修书，以至于到他手上的每一本书，都焕然一新。我也学会小心翼翼地呵护书籍，不会造成书籍损坏。

我呵护书籍，阅读经典，渐渐发现读的书越多，越能合理安排，珍惜时间。

一个人、一句话，刻骨铭心。这句话好似一盏明灯，点亮前方黑暗的道路，又似夜中海上的照明灯，照亮我前进的方向。

"时间如海绵里的水，挤一挤总还是有的。"这句让我怦然心动的话，没有它，就没有我的今天，没有它，就没有我成功前进的方向！

# 那份感动，久久不能平息

周魏佳

重庆卫视的真人访谈节目《谢谢你来了》，有一期讲的是咱们"南通好老板"陈艳和她的员工王世芬化解十六年心结的感人故事，带给我的感动久久不能平息。

1999年，王世芬从四川老家来到了南通麦蒂酥糕点店打工，碰巧遇到了好老板陈艳。可是在打工期间，王世芬的肚子里长了一个很大的肿瘤，很可能危及她的生命。陈艳不仅帮助她支付了昂贵的医药费，还让家人悉心照料她。

王世芬说在养病期间，陈姐的家人帮她熬粥，"那粥绿油油的，一看就是熬了很长时间的，真的很好吃"。我想，对王世芬来说那并不只是一碗粥吧，更多的是陈姐对她沉甸甸的关爱。

后来，王世芬因为种种原因不辞而别，可她对陈艳的感激之情一直藏在心中。十六年后，当两人在节目录制现场再次相见，她们顿时泪如雨下，泣不成声，紧紧拥抱在一起。王世芬说："要是没有陈姐，我今天都不可能站在这个舞台上。"可见在她的心里，一直都感谢着陈艳，并将这份感谢牢牢记在心里。

陈艳做好事毫不张扬，作为一名食品企业负责人，她用良心经营着自己的品牌，默默帮助过好多困难人群。这次上节目，她其实也不想来，只是感动于节目组的诚意，也想了却王世芬的一个心愿。电视台采访过程中，她再三推辞，在她看来，这些只是她应该做的，没有任何值得宣扬的地方。

做一件好事并不困难，困难的是做一辈子好事，陈艳这位"南通好老板"就是这样的人。我也想快点儿长大，像陈艳那样帮助他人，奉献自己的一份力量。

# 点赞磨刀老人

李思璇

那一刻，我泪如雨下。

当磨刀老人吴锦泉登上央视"2015感动中国年度人物"的领奖台，颤巍巍地举起奖杯，露出灿烂的笑容时，我激动的泪水再也忍不住了。

那个夜晚，这位普通的磨刀老人，和诺奖得主屠呦呦，中国航天高级技师徐立平，刚刚离世的艺术大师阎肃，带领中国女排重回巅峰的教练郎平，一同感动着全中国，打动着我们柔软的心。

"窄条凳，自行车，弓腰扛背，沐雨栉风。身边的人们追逐很多，可你的目标只有一个。刀剪越磨越亮，照见皱纹，照见你的梦。吆喝渐行渐远，一摞一摞硬币，带着汗水，沉甸甸称量出高尚。"这段颁奖词，写出了吴锦泉老人高风亮节卓尔不群的人格力量。

不论风雨阻挡，严寒酷暑，吴锦泉老人每天骑着一辆破旧的自行车，出门为乡亲们磨刀。汗水从额头流到脸颊，他只是用手擦了擦，磨出一把把锋利如初的刀。

拍摄《舌尖上的中国》的一位央视摄像师，专门来南通港闸区五星村，采访记录磨刀老人的一天。镜头里，老人坐在破旧的炉灶旁边烧水，在磨刀石旁默默无言磨着刀。磨一把刀要很长时间，他一天只能磨十几把刀。在岁月里奔波，用长满老茧的手磨刀，在灯光昏暗的情况下数着含辛茹苦换来的零钱，在岁月的沧桑里度过一个又一个漫长的夜晚。

还记得2008年汶川大地震吗？老人每磨一次刀，才收两三块钱，可他那次竟捐出了一千多块钱，拿出了自己所有的积蓄，一个个硬币，堆满了整整一桌子，这是多么不容易啊！后来的四川芦山大地震，他又捐了五百元。

前年，吴锦泉的老婆去世了，他难过了好一阵子。他在一次采访时说："我难过了好长时间，我爱人一直支持我，我想用余生再多做点儿好事，我要把好事做到九十岁。"

最近，老人又把政府多年给他的两万多元慰问金都捐给了红十字会，还把过年所有的慰问品送给了福利院的孩子们。八年来，他一共捐出了五万五千多元钱。

满脸的皱纹，阳光下一头的花发，老人微笑着说："我平时不怎么用钱，家里有鸡生蛋，还有鸽子蛋，自己长的蔬菜不要买，闲下来喝点儿小酒挺好的。"

这么多年来，老人生活分外艰苦，可他的名字如雷贯耳，响彻江海大地，回响在我们每个人心中，成了我们心中了不起的英雄，成了南通这座城市的骄傲。

让我们一起为磨刀老人点赞，请不要吝啬你的手指。

# 最美丽的一道风景

龚悠然

许多人都有自己眼中最美丽的一道风景：瀑布，天空，黄奇松……然而我眼中最美的风景，不是景物，而是一位清洁工老奶奶的一只手。

星期天的下午，变天比变脸还快，上午晴空万里，下午就暴风骤雨。无数朵乌云聚在天空邪恶地笑着，万马奔腾，天一下子灰蒙蒙的。风也来凑热闹，咆哮着，奔腾着，将小树吹得东倒西歪，玻璃吹得"啪啪"作响，地上的灰尘被卷得到处飞扬。这时，雨从天而降，一颗颗豆大的雨珠落在身上，就像被针刺得一样疼，雨越下越猛，行人都纷纷躲进室内。

我穿上了厚实的雨衣，正准备坐妈妈的电瓶车回家。我看了看车篓子，咦，什么时候被人塞了一张广告纸，真讨厌。我皱了皱眉头，想都没想，就把广告纸扔了出去。广告纸随着风在空中来回飘了几圈，最后落到了离我几米远的地方。

这时，远处，我朦朦胧胧地看到一个身穿橘色工作服的老奶奶朝着广告纸的方向走来。她走近了些，我看清了，这是一位清洁工，头发已经花白，脸上也有明显的皱纹，她的身上没有穿雨衣。那位老奶奶走到广告纸旁边，用捡垃圾的工具，试图想要将广告纸夹起来，可

那份感动，久久不能平息

是由于下雨的缘故，广告纸似乎已经粘在地上了，夹不起来。老奶奶的全身都快湿透了，她弯下腰，用那饱经风霜的布满皱纹和老茧的手捡起了那张广告纸，放进垃圾袋，然后，缓步离开。当时，我的眼睛湿润了，脸上的，不知是雨水还是泪水。

雨、风似乎小一点儿了，天上的云也散开了一点儿，好像都在为老奶奶致敬。

她的手，捡起了文明，让我知道：要做个文明的好孩子，不能乱扔垃圾。

# 琴声里的烧饼摊

甜 欣

风轻拂树梢，放学一到家，饥肠辘辘的我便开始翻箱倒柜般寻找食物。

奶奶从包里拿出一袋酥香的烧饼递给我："大姑奶奶做的烧饼。"我接过烧饼，一边吃一边疑惑不解地问："大姑奶奶不是早就'金盆洗手'了吗？怎么又做起了烧饼呢？"

奶奶长叹一口气说："阳阳哥哥小时候不是不能和你们一起玩耍吗？现在查出来，其实是患有先天性凝血因子缺乏疾病，这种疾病没有特效药可以医治，更不能磕碰，一旦流血就止不住。平时只要身体疼痛，皮肤发紫发肿，就必须赶紧打补充凝血因子的针。"

"这个病与烧饼有什么关系呢？"我很不解。

"你不知道呀，这种针一支就要好几百元，一月少则五六针，多则十几针，这么多的费用，一个普通家庭怎么承受得起呀？卖烧饼也就是赚点儿钱，补贴家用。"话语间，我仿佛看到小时候，我们肆意玩耍，而哥哥在一旁落寞的身影。

第二天，爸爸和我去看望大姑奶奶。刚到南通中医院门口，便听到一阵悠扬的琴声。远远望见，大姑奶奶正弹着一把电子琴，大姑爷爷则在一旁吆喝着。走近，只见大姑奶奶两鬓早已斑白，眼角也爬满了皱纹，精神看上去还算矍铄。

爸爸打趣道："姑妈，你这弹琴卖烧饼的主意还真不错呀。"

"弹琴可不是为了拉拢顾客，本本心心做生意，用足料，用好料，生意才能好。"大姑奶奶接上话题："弹琴主要还是兴趣和爱好，晚上上老年大学电子琴培训班，白天要是不练琴就荒废了，趁下午生意不忙的时候就练练琴。"

下班高峰到了，烧饼摊前的客人渐渐多了起来。大姑奶奶放下乐器，戴上口罩，吆喝着做起了生意。这时，一位阿姨走过来要了两个烧饼。大姑奶奶熟练地用夹子把烧饼装进袋子递了过去，接过十元钱正准备找零，那位阿姨接过烧饼便匆忙离开了。大姑奶奶拿起零钱，三步并作两步追上去："谢谢你们的关心和关爱，钱还是要找的，你们常来光顾就是对我们最大的帮助了。"那位阿姨执拗不过，连说了两声"一定会的"。

爸爸告诉我，随着"大病保险"的出台和落实，在大姑奶奶的四处奔波下，第一人民医院竭力关照，阳阳哥哥用药难、用药贵的问题现在已经得到了有效解决。不太懂电脑的大姑奶奶，还和同样患有凝血因子疾病患者成立了一个QQ群，为更多迷茫的患者送去了福音，提供了交流的平台。

小饼酥香，随风消散，香味早已融进了每个人的心里。琴声悠扬，虽未余音绕梁，也早已渗入了每个人的脑海里。

那份感动，久久不能平息

# 厉害了，我的"肥夏"老师

秦 韵

"肥夏"是天马少年作家班的辅导老师，也是电视台王牌栏目的编导，真的是"一夫当关，万夫莫开"。"肥夏"生平有三大绝技——肥！肥！肥！在江湖上鼎鼎有名，让我来给你们解释解释。

第一肥，体形肥。

夏老师一直笑眯眯的，聪明绝顶，肚子圆滚滚的，像一个大肉球，人家宰相肚子里能撑船，他的肚里能造房子。

一天，"肥夏"给我们讲"苏东坡"的故事，说大诗人苏东坡才华横溢，满腹经纶，挺着一个"将军肚"。有一次，他问客人："你们说我的肚子里有什么呀？"有人说他的肚子里是才华，有人说他的肚子里是墨水，只有他的侍妾朝云说他是一肚子的不合时宜，与众不同。

"肥夏"问我们：苏东坡的肚子像谁的呀？我们都异口同声地说："夏老师！"夏老师的"肥"也真有点儿"不合时宜"呢。

我看，这也是"肥夏"的毛遂自荐吧。厉害了，我的"肥夏"！

第二肥，才思肥。

"肥夏"老师上课时口若悬河，妙语连珠，以排山倒海的气势，将一个个学生轻松迷倒。从新闻到日记，从国内到国外，从写人到叙事，夏老师旁征博引，洋洋洒洒，给我们一个个破解写作难题的妙招，让我们"写遍天下无敌手"，个个都是写作的高手。

我们也经常绞尽脑汁问他很多问题，古诗词，脑筋急转弯，成语故事，都难不倒他。我们被夏老师一个个知识点俘获，真是厉害了，我的"肥夏"。

第三肥，教学肥。

夏老师的独门秘传，能在江湖上白手起家的绝技——作文教学。此"肥"乃是攻克难关的意思。

我们在课堂上的千言万语，汇成一句："夏老师，今天写不写作文？"这时，我们屏住呼吸，心跳加速，使出浑身解数，等待夏老师的答复。

"夏老师要放大招了！大家快接！"

"写！！！"

第六次世界大战爆发了。冲啊！同学们以笔做武器，以思想为灵魂，冲阵杀敌，所向披靡，一篇篇习作发表在全国各地的报纸杂志上，给了大家攻城略地的无比信心。

厉害了，我的"肥夏"！

# 作文课里的"航模大战"

杨景文

我上过不少作文课，老师一般都是给你一个题目，让你当场写一篇作文。但天马少年作家班的夏老师不太一样，他总是先给我们讲很多看似与作文无关的东西，比如关注新闻，比如写日记，比如多看电视《中国诗词大会》《朗读者》。他还喜欢和我们玩游戏，让我们学写体验作文，确实和其他老师不太一样，深受同学们的喜爱。

一次上课，夏老师带了好多飞机模型材料。我很纳闷，这不是作文课吗？怎么还有飞机模型材料？这时，夏老师发话了："我把这些材料发下来，每个人做一个，过会到楼下比赛！"

同学们欢呼雀跃，我也跃跃欲试。我很自信，因为我可是模型高手，什么样的模型材料都难不倒我！打开包装，我迅速拿出了几根木头，以迅雷不及掩耳之势拼出了飞机骨架，再拿起泡沫板，作为机翼装上。最后装上尾翼，水平尾翼，调整好方向，完成！再看看其他人，有的尾翼不会装，有的机翼断了，还有的木头断了！

夏老师也在隔壁桌子旁帮忙。他和同学们一起用双面胶把机翼尾翼和水平尾翼装好，再把皮筋放好，最后装上螺旋桨，又一个完工了！

下楼比赛了！我手心里一直在绕飞机。夏老师一声令下，"放"！一架架飞机腾空飞起，有的飞机像断翅的小鸟，飞了一小段就坠机了；有的像成年的雄鹰，向天上飞去。夏老师也放飞了一架飞机，那架飞机飞得好高好高，都快看不见了！随后，天上下起了飞机雨，一架架升天的飞机从天上掉了下来，有的掉在车上，有的掉在地上，摔了个"粉身碎骨"，有的虽然被接住了，但机翼也掉了。让人竖起大拇指的是，夏老师的飞机基本没有破损，他真是一个名副其实的"老顽童"啊！

飞机大赛结束后，同学们都回到了教室，开始了自己的现场作文大赛。大家擦干汗水，头上冒着热气，眼睛扑闪闪的，深思片刻，个个下笔如有神，埋头创作。

大部分的老师都认为学最重要，但夏老师的教学理念是在学中玩，在玩中学。只有这样，同学们才会开动脑筋，爱上学习，爱上作文，提高自己的动手能力。

# 我的数学老师

顾　俍

　　她，淡淡地来到我身边，我嗅到了她指尖上的香。

　　她乌黑的眸子里总是变幻着让人捉摸不透的几何图形，鼻梁上载着她所有的傲气与矜持。她不常笑，抑或是不笑，嘴唇和鼻梁呼应出一个近似垂直的线条。然而，她体内翻腾的母性温暖却时不时从心灵的罅隙中渗出。

079

　　站在一片穿黑灰衣服的同事中，最早穿上露肩长裙的她是如此格格不入。女生们细细地数过她究竟有多少套不同的衣服，结果发现，整个夏天，似乎只有三件衣服她穿过两次。她很自然地成了同学们的话题。

　　她把一腔激情全倾注到了我们身上。上课时，摊在讲台上的备课笔记全然成了摆设，她一手支在讲台上，一手在黑板上播撒下一行行潇洒的字迹。看得出神的我们，不知不觉中爱上了这一个个枯燥的数学符号和几何图形。

　　每天晚上，我们班的灯光总是整幢教学楼最后一个暗下去。那如雪般晶莹的光在淡淡的暮色中染出一方温暖。她总是耐心地辅导那些"待优生"。她指尖划过的地方留下一抹余香。她的出现让学习生活凭空多出了一片亮色。

这抹亮色在我心中点亮了一盏灯。

自习课上，突然听到她在教室外面叫我，慌张地抬头，起身，出了教室。

她倚在走廊的栏杆上，绰约的身姿浸在缓缓流动的夕阳中，护手霜的香融化在氤氲的温暖空气中，垂下的长发遮住了她的脸，就像一尊神圣的雕塑伫立在那儿。

她缓缓回过头来，未曾开口先笑了，露出两颗小虎牙，在夕阳中泛出美丽的光。

"这次班级团员推选，你的票数差了一点点，是第六。"

我自嘲地一笑，心想第六和第十毫无区别，反正只有五个名额。但嘴上却道："没关系。"然后忙将头埋下，不敢抬头。

她轻轻地将我的头摆正，将手放在我的肩上，将身子微微俯下，"加油，你可以的！"

她淡淡地走入夕阳，我嗅到了空气中的香。

# 月　光

王　迪

曾经有人说我狂荡不羁，有人说我心高气傲，还有人说我前途无量……

"呵呵……"我坦然一笑，我虽不是命运的宠儿，但我无时无刻不在扼住命运的咽喉，把握命运的每一次脉搏，不曾放弃。

又是这样一个有月无风的夜晚，坐在窗前，迎着月光洒下的光芒，我笑着对月亮说：永不放弃。

小时候我很讨厌学习，原因很简单，我的努力得不到应有的回报，学习带给我的只是巨大的失败感。从此，我对学习产生了严重的怀疑，我的成绩总是徘徊在班级倒数之列。

有一天晚上放学，我又一次左手拎着小坐垫，右手握着一支铅笔，迎着月光回到离学校很远的家。刚走到家门口，正好碰到做农活回来的爸爸妈妈。妈妈一看到我手里的东西，就知道我又不想念书了。在学校里，我最珍惜的就是妈妈亲手为我缝制的小坐垫，它是我在学校仔细看守的财物；而那支铅笔是妈妈给我买的第一支铅笔，所以我更是视若珍宝地保存着。于是每次我要辍学时，都只是带着这两样东西回家。

妈妈迅速走到我面前，我还没来得及看清她的眼神是否凶狠，妈妈就大力地从我手上抢来小垫，然后狠狠地摔在地上。小垫落在地上扬起了滚滚的尘土，看来这场战争的硝烟已然四起。这就是妈妈一贯的做法，从小到大她都是用武力来开导教育我的。

就在院子里，一个有月无风的晚上，倔强的我趴在院子里的墙头上，愤怒的妈妈从地上拿起玉米棒就向着我的屁股打了一下又一下……玉米烂了一个又一个，我的眼泪早已泛滥成灾，号啕声引起了家犬的共鸣，它也跟着叫了起来。

不知妈妈打累了还是玉米不够用了，也或许是因为我太抗打了吧，妈妈突然停了手，而且停了好长时间。我好奇地偷偷回头瞄了她一眼，只见妈妈坐在小垫上，眼睛湿润着，在月光的映衬下，她的双眼仿佛是一口永远也望不透的井，透露着不甘与失望。我一瘸一拐地走到妈妈身边趴到妈妈的身上，对妈妈说：我不哭，你也不哭，明天我去念书，我去念书……

只记得妈妈坐在那里很久没有起来，望着月光，凝视了良久。

第二天放学后妈妈把我叫到身边，给我读了一首诗——《悯农》：锄禾日当午，汗滴禾下土。谁知盘中餐，粒粒皆辛苦。

妈妈没有念过书，这首诗是姥爷教给她的。妈妈把我那支宝贵的铅笔削好，然后一笔一画艰难地将它写完，一字一字地念给我听，妈妈说："农民种地辛苦，以后你要珍惜来之不易的生活，爬出地垄沟，走出大山。"我咬着牙对妈妈说："我要考大学，带你到城里住……"那晚的月光好美，亦是一个有月无风的晚上，我望着月光，守望着未来。

# 五班的"四大才女"

孙小语

初学《呼兰河传》，了解了萧红，她与张爱玲、石评梅、吕碧城被称为民国四大才女。在我们五班，不仅有四大美女、四大才子，也有叱咤风云、征服五年级文学圈的四大才女。各位客官快快就坐，且听我慢慢道来：

作为我们班的一号才女，仲仲面容秀丽，虽不比西施倾城，却远胜东施无盐，一副小圆眼镜更加平添了几分文学底蕴。不过才女称号岂能凭貌取人，她的才气也让所有人甘拜下风。大到国家大事、诗词曲，小到麻婆豆腐的做法，可谓是琴棋书画样样精，诗词文赋件件通。文笔时而豪迈动人，时而清新秀丽，让人读来欲罢不能。她就是咱们班的仲姓同学——仲高仪是也。

"当前诗坛谁是主，小九诗律正在行"，杨万里的诗自成一家为"诚斋体"，而我孙小语，外号孙小九的诗和小说也可谓人人皆知，荣登二号才女的宝座。"小九，求签名啊！"！"你有空吗？给我签个名吧！"哎呀，我这粉丝太多压力山大啊，期待值越高，责任也就越大啊！每次老班报作文分数，我就会心跳加速、双腿发抖、心理活动都能集千字小说。虽然每次的分数都让我白白紧张一回，那高高飘扬的分数也让老妈喜笑颜开。写作可谓是百炼成钢，后来我加入了天马少年作家班的大家庭，在夏老师的传授下，我的作文技艺提高神速，笔锋更加成熟、幽默。

三号才女朱朱作为我班学霸，每次考试都是直接get技能，一路开挂。看着那傲人的全科100分，我们这些靠文字吃饭的人直接责问苍天的不公平！朱朱不仅数理全能，作文也是好得没话说。"丝丝春雨，每次降临都是花草的狂欢……"这不，朱朱的作文再次成为考场范文。她的文字如春雨一般，柔和、温顺，不争不抢，读了她的文字，谁都不想走了。

李清照是宋词婉约派的领袖，而五班的婉约派领袖竹子，也是字如其人，貌如其人，堪称本班的四号才女。她瘦弱的身体如一张小小的纸片，好像随时就会被风吹跑。一双小眼睛配着马尾辫，清淡是竹子的代名词。她文风婉约悲凉，举手投足之间自有李清照遗风。"凄凄惨惨戚戚""怎一个愁字了得"是竹子的口头禅，在这个充斥着网络新词的互联网时代，她的"蓝瘦香菇""人比黄花瘦"。

五班才女个个争奇斗艳，艳压群芳。仲仲知书达理，豪迈之情与女子柔弱随意切换；本才女文风奇特，自成一派，笔锋成熟动人；朱朱文字如沐春风，舒适，柔和；竹子清淡素雅，不沾风流……

我们在学习这个没有硝烟的战场上互助互帮，朱朱的数学总是力压群雄，本才女的阅读理解，仲仲的英语，竹子的一手好字各领风

083

骚，大家取长补短，让众男生望之兴叹。

五班文学圈，四位奇女子，各自用神来之笔，写出一片新天地！

# 享受自由

朱培成

自由，是一种无忧无虑的心情，我们都向往自由，特别是我们在学校上课学习的那段时光，我们都特别向往拥有自由的空间。

那天，我们老师在教室里为我们上着作文课。这时老师的手机忽然震动起来，她说这是校长的电话，接了电话后，她请我们在教室等一会儿，就匆匆忙忙转身离开教室，奔着校长办公室的方向去了，看似很着急的样子。

顿时，教室里的同学们你看看我，我看看你，不知怎么享受这难得的、不知多久的自由。这时，我们班的班长站了出来，主动维护班上的和平秩序，但是空气中总有一股火药味弥漫在教室的上空，滴，滴，滴，过了几十秒，不知是哪个同学拍了一掌，咣的一声，安静的教室爆炸了，水都浇不灭。

只见我们班的捣蛋大王小段同学，立即跑到了教室门口，用他那身体的力量把门关上了，再用力一锁，他看一看，觉得还不够安全似的，竟然拿了两把椅子放在门后，而他就坐在了那两把椅子之间。我心里暗想，这样任何人都别想推门进来了。

而我们班的电脑大王，小吕和小顾两同学，已经跑到了讲台上，熟练地打开电脑，开机，显示屏上很快就弹跳出windows的窗口。这时我这个早有计谋的人也实在按捺不住激动的心情，三步并两步地跨到黑板前，用红色的粉笔在黑板上写了两个字"万岁"！只见大伙乐得！坐在窗台旁的同学也一直在帮我们打着掩护，时不时地朝走廊尽头望过去，只要发现"敌情"立即上报。

"来了，来了，老师来了！"这一声叫喊清脆悦耳，直通屋顶，靠窗的小翟同学大声地喊着，立马认真地坐回了原位。我更是吓得赶紧撤回座位，而我的座位在第一排内侧，同桌的小黄弓着腰不让我进去。我急中生智，灵机一动，立刻蹲下，躲在讲台的后面，心里暗暗念着，希望老师不要发现我，不要发现我，太上老君保佑我！过了好一会儿，蹲着的脚都有点儿发麻了，老师的脚步声还是没有听到，我探出脑袋，根本没有发现老师的影子，我重重地松了一口气。这时全班同学也都大笑起来，我也明白是怎么回事了，大家都各自做着各自的事，而我也被吓了个半死，决定不再瞎闹了，赶紧将黑板上的字迹擦了，希望老师不要怪我，然后用最快的速度飞回到座位上，安安静静地坐下。

这时我班的阿蒙同学早已站在了第一排最前端的桌子前，一手拿着扫把，而他就像一位灵魂出身的歌手，正在弹着他的那把"长吉他"。我们班上全体同学一阵哄堂大笑，就连平时笑点很高的我，也被他这一幕古怪的动作，热情的气场给逗笑了。

这么热闹的环境里，也不免有一两个奇葩的人。

我们班上的小陈同学，他是我们班的学霸型的人物，只见她安安静静地坐在座位上，认真地写着作业。听同桌说他已经写了一篇作文了，我是真心佩服她。还有一个更奇葩的同学，唐唐同学竟然在这个闹腾的地方睡觉，真不知道他昨晚干什么去了。

在两位电脑大王的努力下，电脑终于联上网了，双击打开了动画片《海贼王》，弹出广告时间，他们两个人也坐回原位，准备和大家一起欣赏，看着广告时间倒计时，3，2，1，就在这时，门响了，看门的小段同学也不知什么时候回到了座位上，两张椅子被推倒在地，老师突然出现在我们面前。大家都傻了，一个个低着头，只听老师笑了一声，大家抬头一看，再互相望望，心里大概知道了几分，哈哈，我们都被老师设下的圈套套住了。

十分钟的自由时间结束，留下了大家特别值得珍惜的十分钟。其实，自由无处不在我们的身边，但作为一名学生，更应该主动珍惜学习时间，将学习作为一份责任，在自由的空间里寻找属于自己的快乐。

# "情书" 风波

王肖涵

这几天天气冷得超出想象，我的心也像这冬天里的濠河水一样——都快要结冰了。

课间，我去厕所回来刚坐到座位上，前座的副班长吴一菡突然从外面小跑回来，慌里慌张递给我一张小纸条。

我诧异地把纸条打开，只见上面写着"爱你天长地久，愿与你同在……爱你，朱"。呀！她竟然帮别人给我送"情书"？我很惊悚。

"王肖涵，你千万别误会，我给你解释一下，是我收到这么一张纸条，想请你帮忙'破案'找出元凶。"她像是看透了我的心，赶紧给我解释。

嗨，原来是这样，害得我虚惊一场！不过，既然副班长亲自来找我帮忙，我肯定要使出浑身解数来帮她。于是，我告诉她："我是小柯南，我能帮你破案，等着吧。"

嗯，署名姓朱，班上男同学绝大多数一下子就排除掉了，再看看这苍劲的字体、整洁的页面，肯定是我们的劳动委员朱奕所为了。除了他，其他两位朱氏兄弟谁能写出这么漂亮的字呢？非他莫属！

既然已经锁定目标，我便着手下一步的侦查，准备"引蛇出洞"，冒充副班长回一封信给他，看看他到底有何反应："亲，信已收到。若是真心，请再写一封放我抽屉里。吴"

把信写好后，趁着教室里比较乱，我赶紧把信藏到了朱奕的笔袋里，然后开始观察朱奕的反应。

上课铃快要响起时，同桌王苏急急忙忙从教室外溜到我面前，上气不接下气地问我："你是不是帮吴一菡给朱奕写了一封回信呀？"

我略感自豪地回答："是啊，我正准备进行下一步计划呢。"

"糟糕，你怎么这么着急啊？我也帮忙写了一封回信藏在他课桌里呢。这可怎么办呀？一下子出现了两封回信，而且一看就不是一个人写的。"

完了完了，副班长居然请我们两个人来"破案"？而且我们这两个"柯南"破案的思路居然如此巧合，手段居然完全一样！这下可好，我们露马脚啦！

转念又一想：这下也好，看朱奕怎么回应！如果那封"情书"真是他给副班长吴一菡写的，此后他一定处于尴尬的境地；如果那封"情书"与他无关，他收到我们这么"无厘头"的回信，也许会找到老师那里呢，那么，这后面可怎么收场啊？

# 心　窗

赵子裕

眼睛是心灵的窗子，我们可以看到感动的画面，美丽的图画。"窗寒西岭千秋雪，门泊东吴万里船。"这不就是用眼睛来发现的吗？

大家应该知道窗子吧！木窗、防盗窗、铝合金窗……我家有个铝合金窗，我打开窗子，看到了一个美丽的景象。

我仿佛穿越时空，看到唐朝李绅写的："锄禾日当午，汗滴禾下土。谁知盘中餐，粒粒皆辛苦。"我看到了，田野里的农民拿着铲子，一铲一铲地松土，火辣辣的太阳炙烤着大地，农民伯伯不求回报，夜难安寝。每天早早起床，站在太阳底下，汗水早已湿透了衣裳，衣服湿得能挤出水来，一粒米也来之不易呀！

我又看见"天街小雨润如酥，草色遥看近却无。"外面下着小雨，打在玻璃上，演奏出快乐的交响曲。一些雨滴跳到雨伞上，兴奋地玩耍着跳跳床。小雨不仅是来玩儿的，它还滋润着大地，过了一会儿，小雨停了，这时，草更绿了，花更美了。

我又看到了，苏轼那千古名句"人有悲欢离合，月有阴晴圆缺，此是古难全，但愿人长久，千里共婵娟。"我看见一轮明月高挂在天空，上面的黑影动来动去，是嫦娥在月宫喝着雨露琼浆，旁边拿斧头的当然是吴刚在砍桂花树。"明月几时有，把酒问青天。"我看到苏轼正在喝酒，眼睛透露着悲伤。

世界到处都有窗子，我看到滴水穿石，看到了荷塘的凉风，看到了一滴水能折射阳光，还看到了生活的诗意！

# 爷爷，对不起

## 黄　莺

风，伴月而来，载着那一朵朵芙蓉似的云翩跹起舞。夜深人静，细品每一次叶的颤动，每一轮无声坠去的月，每一点儿花间的声，总会在熟悉的地方，品味出别样的风景……

任时光荏苒，家庭琐事仍会浮上心头。

"来来来，多吃点儿肉，多补充点儿营养啊！"爷爷像是赚了什么宝贝，笑容全写在脸上，不住地往我碗里夹肉。可是，我却很反感，于是，当肉再次来临之际，我赶忙端起碗，侧过身。"总算是逃过一劫了！"我长长地嘘了一口气，暗自庆幸着。于是我放下碗，皱紧眉头，大声对爷爷说道："别老往我碗里夹肉，我自己能夹！"当那些积于心中许久的话终于吐了出来，反倒感觉轻松了许多。

可是，爷爷却愣了一下，而后，脸上的笑意全然不见，只轻轻地说着："噢噢……"我不知怎么，心中泛起阵阵酸涩，有种莫名的凉意渗透，这时，我才明白——我的话伤了爷爷的心。纵然有百般抱歉，却难以说出口，留下的只是无奈和心底的苦涩……

那份感动，久久不能平息

于是，我信步朝房间走去，轻轻掩门，倚着墙，微闭起双眼，想让我跌宕起伏的心平静下来。可终不能如愿，愈是想宁静，思绪就愈凌乱，脑海中便依稀呈现出昔日的画面：爷爷站在自家的院落里，抱着未谙世事的我，给我讲牛郎织女的美丽传说，声音安详而美好……

"孩子还没吃饱吧，过会儿让……"不知是谁的话语牵动了我的思绪，我从门缝望去，那显然是一道风景：爷爷正在厨房里忙碌着。仔细看着眼前的爷爷，却发现他的头发中早已出现了许多的银丝，我知道那是岁月洗礼后的痕迹，是他为我操劳后辛苦的见证，也是他爱的光环的显现……

"爷爷，对不起！"我的视线渐渐模糊，泪水顺着脸颊滑落，流过嘴角，渗进唇间，竟是咸中带甜的……

## 爱要大声说出来

爸爸妈妈对我的养育之恩，我永生难忘，等我长大了，一定要好好孝敬他们，等我长大了，也不会忘记时常对他们说："爸爸妈妈，我爱你们！"

# 爱要大声说出来

魏 佳

爸爸妈妈对我的爱随处可见，可是从小到大，我还没认真地对他们说一句"我爱你！"。

今天放学时，邵老师给我们布置了一项特殊的"作业"：对自己的爸爸或妈妈说"我爱你"。邵老师话一说完，同学们就叽叽喳喳讨论开了。这项作业可把我难住了，这么肉麻的话，让我一个十二岁的小伙子怎么说得出口？

在回家的路上，我的心里十分忐忑不安："唉，该怎么说呢？要是爸爸笑话我该怎么办呢？"爸爸看我心不在焉的样子，便问道："怎么了？""没什么，待会儿回家有一件严肃的事要告诉你！"我回答道。"什么事情搞得这么奇怪？"爸爸满脸疑惑，"你就告诉我吧！""不行，这件事很重要，一定要回家才能说。"

一回到家，我便和爸爸面对面坐着，我尽力把腰背挺得直直的，两只手控制不住地扯着裤子，脸涨得通红，恨不得立马就找个地缝钻进去。我紧张极了，那尴尬的场景，让人心里像揣了只活蹦乱跳的兔子。

"小子，想什么呢？有什么事呀？"我低着头不出声，心里却在作思想斗争，一个邪恶的声音说："要不然不说了吧，明天瞎写一篇作文糊弄过去就行了，这么肉麻的话我可说不出口！"

这时，另一个温柔的声音响起："爸爸这么多年都无微不至地关心你、照顾你，你难道对他说一句'我爱你'都不会吗？再说了，这是老师布置的作业，可要认真对待它！"

我听从了自己的内心，鼓起勇气说："爸爸……"

"说话这么结巴，是在学校挨批评了，还是考试考砸了？小伙子加油啊！"爸爸一脸严肃地问我。

"才不是呢！"我没好气地说。我鼓起勇气，大声地对爸爸说："爸爸，我爱你！"

我偷偷抬头观察爸爸的表情，他先是愣了一下，然后温柔地对我说："臭小子，爸爸也爱你呀！"说完，还给我来了个大大的拥抱。我的心里比吃了蜜还甜！

爸爸妈妈对我的养育之恩，我永生难忘，等我长大了，一定要好好孝敬他们，等我长大了，也不会忘记时常对他们说："爸爸妈妈，我爱你们！"

093

# 爱 之 手

张顾很

他们的手，或纤细嫩滑，或笨拙粗糙。然而，这许多不同的手，却在我成长的道路上写下了同一个字——爱！

## 友 爱 之 手

体育课。

我的关节在极度疲劳后处于卡机状态，肌肉像被冻住了一样，胀胀地疼。浑身的细胞也不在状态，拒绝接受或执行任何命令。

"下一组，三组蛙跳。"

我皱着眉，踉跄着往前挪了几步，站到了白线上，双手支撑着膝盖，大口喘着气。

"预备，跳！"同学们纷纷弹了出去，只剩我还停在原点。

为了掩盖我的窘态，我僵着双腿往前蹦了三下。

可眼尖的老师却一下子发现了我这"南郭先生"，三步两步蹿到我面前，劈头盖脸一顿指责。悲愤、无奈、痛苦一齐涌上心头，我的耳朵里一阵飞机降落时的轰鸣，后脊梁发烫，一直蔓延到脖根，像一种恶性皮肤病。

有一只手猛地握住了我的手。坚定，不容我反应，我的手条件反射般和它紧紧握在一起。那双手多小，小到我可以将它包在我手里，但此刻，它却给了我无限力量。这是那双往日软绵绵的手吗？我耳朵里的飞机逐一停稳，轰鸣渐渐消释，"皮肤病"也得到了暂时性的控制。也许不是所有人都能理解尴尬中，那一双手无言的友爱和安慰。

## 慈 爱 之 手

期中考试。

监考的竟是我们的班主任。可我的紧张却愈发强烈，每一寸关节都害怕得微微颤抖。手中捏着的稿纸都被汗浸湿了一角。分卷子时纸与纸的摩擦声炸响在我的胸腔里，生疼。我徒劳地盯着老师手中的卷子，希望提前看到点儿什么。胡思乱想之际，伴着护手霜的清香，那双手停在了我的面前，白得几乎和卷子融为一体的手，被粉笔灰浸泡透了的手，除了白，我找不到其他更适合的词语来形容它。它们犹如一对小燕子，打了个旋儿，轻轻落在我肩上，往下稍一用力，我却读懂了它们。也许并不是很多人都能体味无助中，那一双手无言的慈爱与信任。

## 母 爱 之 手

早餐时间。

我一边絮絮叨叨早饭的无味，一边催促妈妈快煎鸡蛋。

猛的，厨房里一阵碎裂声，什么东西摔坏了？我抬眼漫不经心地望去。妈妈将手紧紧地捂在胸前，好像在努力忍受什么痛苦似的。我冲进厨房，拉过妈妈的手，一个大大的泡"点缀"在手背上，油光发亮，饱胀得几乎要裂开。我忙打开水龙头对着那双手一阵猛冲。我赶到那双手在颤抖，或是因为疼痛，或是因为别的什么，我用手反复摩挲着它们。多粗糙的一双手啊，皮肤已有些松弛，套在手上像一件不太合身的大衣，指甲短短的，嵌在肉里，泛不出一点点光泽。关节显得很大，粗肿粗肿的。这是我印象里的那双手吗？我反复叩问自己。妈妈手上的一道道皱纹深深地刻进了我的心里，妈妈手上裂开的皮肤撕扯着我的心，妈妈手上粗肿的关节烙进了我的记忆里。我不由得紧紧握住了妈妈的手。也许没有人明白，任性时，那一双无言的手的包容和温暖。

我的成长，靠一双推动的手；我的快乐，凭一双友爱的手。生活中，无数充满爱的手激励着我，帮助着我！有朝一日，我也要变成一双爱的手！

095

# 我是家里的小"二宝"

费秋实

我是家里的小"二宝",还有一个可爱的哥哥。

星期日上午,除了我和哥哥在家,其他人都出去了。我玩iPad兴头正浓,哥哥看见了,对我笑了笑:"弟弟,你再玩一会儿就别玩了,玩太长时间对眼睛有害的。"我说:"好的,知道了。"

一局游戏完了,我放下iPad休息了。晚上妈妈下班回来,看见我很乖,就对我们哥俩说:"今天你们表现不错,这是奖励给你们的肉包。"哥哥也有一个,可他却说:"这肉包我给弟弟吃吧。"我开心极了,便狼吞虎咽地吃了起来。妈妈问:"今天弟弟玩了多久的iPad?"哥哥说,"就玩了一把游戏,十几分钟。"妈妈喜笑颜开:"宝贝,你真是越来越懂事了。"

晚上全家人都在空调间里乘凉,我想怎么才能添加点儿气氛呢?忽然,眼前一亮灵光一闪,我来跳个街舞吧。大家纷纷鼓掌。我先来了个前滚翻,紧接着一个回旋踢,差点儿踢到老爸的身上。我正跳得生龙活虎,兴高采烈,哥哥说:"慢慢跳,小心摔着。"

跳完最后一个动作,掌声又响了起来。哥哥说:"你跳得不错,有表演的天分,加油,我们相信你。"我笑了笑,心里有说不出的高兴,不好意思地说:"这都是你的功劳,你每天都花尽心思陪我练，我要好好感谢你。"哥哥说："我做这点儿事，不算什么，应该的。"家人都夸我们哥俩相处融洽。

家有二宝，真是件幸福的事。看，我就是二宝，我给家里带来了这么多的欢乐，家人们也非常疼爱我。小朋友们，让你们的妈妈也再生一个二宝吧，他能陪你玩陪你笑，难道你不想要一个这样的弟弟妹妹吗？

# 放学风波

王雪融

放学啦！同学们的椅子上好像放了大头钉，下课铃声一响，大家立即站起身来，欢呼道："放学喽！"

我们抓起书包，冲出教室，老师却凶神恶煞般地挡在大家面前："干什么？快排队！"

我们以光速排成了两列纵队。说时迟那时快，后方传来了一阵叫骂声和哭泣声，定睛一看，原来是小刚和小强一对活宝。只见小刚捂住脑袋，一脸痛苦的样子："他，他打我！"小强也不甘示弱："是他先打我的！"

眼看两个人的眼睛都红得像斗鸡眼，老师见了赶紧息事宁人："好啦好啦，你们俩都有错。"事情就这样过去了。

可是风波远远没有结束。

下了楼，家长都在向我们挥手，小刚和小强依然怒目对视，一副不共戴天的样子，一直处于"冷战"状态。前后的同学看了，都离他们远一点儿，生怕成为他们的"替罪羊"。

就在小刚与老师告别，准备离开队伍的时候，小强的手像一道闪电，又重重向小刚的头扑来。"啊"的一声，惨叫声随风刮进我的耳朵里。我怒火中烧，小强这样做太不道德了！而这个小子呢，早就从南门溜掉了，只留下小刚泪汪汪的眼睛……

"第三次世界大战"到此结束！

其实，事情的全过程我看得一清二楚。小刚和小强本来就是死对头，小小的摩擦一触即发，而小摩擦为什么演变成为两个仇敌的交锋呢？我想主要有两点：

一是两个人都不肯退让。"让"这个词出现得太多了：让道，让座，让位，都表示双方有祈盼和平之心，而他们俩呢，如果有一人谦让一下，不那么斤斤计较，事情也就过去了。

二是两个人的友谊不够深厚。友谊就像飞机降落时的阻力伞，起着至关重要的缓冲作用；矛盾就像地震带，只要一有板块断裂，就会引发意想不到的灾难。

098

小摩擦有时也会引发大风波。我们每个同学都要学会控制，控制自己的情绪，彼此相亲相爱，自然就不会有这么多的风波和麻烦了。

# 为《战狼II》叫好

单政彤

今年暑假，电影《战狼II》分外火，取得了五十六亿元票房。

这部电影主要写冷锋在非洲执行任务时，被卷入了一场恐怖袭击。他为了营救非洲和中国居民于水深火热之中，毅然返回战场，组织大家撤达安全地带。撤退中他也遇到许多困难和风险，其中让我印象最深刻的有三组镜头。

第一组镜头，冷锋在工厂组织大家撤离，不忍心又无可奈何的中国驻非洲大使大声喊道："中国人站这边，非洲人站那边，中间给我留出一条分界线来！"但部分在非洲务工的中国人已经与当地人结婚生子，不愿离开，人人脸上露出了不舍。此时冷锋看不下去了，使劲敲了一下身边的栏杆，等所有人安静下来后，用力吼道："飞机是我带来的，应该听我的，妇女儿童先上飞机，男人跟我走！"此话一出，工厂里响起了经久不息的掌声和欢呼声。他的这句话说得那么铿锵有力，此时起到了绝佳的镇定作用。大家正被欧洲雇佣兵打得毫无信心，这句话如同一股暖流流进了他们的心里，让他们重新振作起来，继续与恶势力做斗争。作为一名真男人，冷锋勇于担当，在最困难、最危险的时刻，他本可以全身而退，却为了身陷险境的同胞而重返战场，令人钦佩！

爱要大声说出来

第二组镜头，冷锋为爱人报仇，与"老爹"展开了殊死搏斗。尽管"老爹"使用了多次暗器，但冷锋仍然没有倒下，这是什么原因呢？并不是电影出了问题，而是冷锋有着钢铁般的意志。俗话说，"身上的武器再多，也抵不过肚子里的一杆枪"，冷锋就是这样一次次倒下，又一次次爬起，终于找到了对方弱点，一招制胜！他是一位打不败、打不死的中国铁汉！

影片的最后，正义方终于取得了胜利。在向军舰撤侨的路上，他们经过了交战区，冷锋命令所有人把枪丢下，用自己的手臂充当旗杆，将鲜艳的中国国旗高高举起。"开车！"五星红旗在空中随风飘扬，正准备射击的交战双方被司令拦住："停止射击，是中国人！"听到这句话时，我热泪盈眶。这句话充分地说明我国在国际上的地位，中国这头雄狮已经无法阻止的觉醒了，外国已经不敢侵犯我国了，而军人们把枪放下，则表明我国这头雄狮虽然强大，但是一只热爱和平、不侵犯他人的雄狮。

电影结束了，但我依然被深深地震撼着，那一个个舍生忘死的身影，一直在我的脑海里挥之不去。面对那么多次死亡的威胁，他们毫不惧怕，一次又一次从死神手里抢回了鲜活的生命，他们是真正的国之栋梁。在国家有难的时候，是他们挺身而出，舍己为国，哪怕以身殉国也毫无惧色。有他们在，我们才能过上幸福的生活！我也要向英雄看齐，好好学习，将来有一天能报效祖国，为国家的安全尽自己的一份力量！

# 一次有趣的对战

钱浩燃

今天，我带着自信阳光的微笑回到了家，因为我今天在象棋课中学到一大堆的知识，所以我向爸爸发起了挑战。

说来就来，爸爸郑重地接下了我的挑战。爸爸说来是个新手，可我经常输给他，想到这里，我不但没有减弱信心，反而是热血沸腾要与爸爸决一生死。开始了，我们父子是针锋相对，双方都不示弱。很快，我们父子俩的"小兵防御网"都大功告成，谁都不敢轻举妄动，但爸爸先发制人，眼睛咕噜一转，毫不犹豫地把"兵"向前推了一格。"这不是给我吃吗？不一定，万一是个圈套，可看见那个'兵'无人保护，还能削他兵力，如果不吃，他吃了我，'马'也危险……吃吧！"我把"兵"向他推去，可下了这步棋我后悔了。老爸一脸奸笑，他的"车"野蛮得向我的"车"冲过来，一下子吃了我的"车"。可惜了，"象"和"马"都不能横着走，而他的"车"却可以轻松干掉我的"象、马"。正当我百思不得其解时，突然灵光一闪，心生一计，我坚定地把"象"走到了某个格子里，"双将"的"象"一面将着"王"，一面威胁着"车"，当然只能逃亡了。就这样，我乘胜追击，一下子干掉了大患——"车"，我们父子俩的对战进入了白热化。我虽吃了"车"，得了一个大大的优势，但却丝毫没有想到爸爸用兵如神，迅速包抄了我的军队，让"皇后""车""象""马"都发挥不了优势，还来了几次惊心动魄的"将军"。局势越发危急，可却在一次包围中，"破"了一个口子，这才验证了"上帝给关上了一道门，却给你开了一扇窗"。我将王后"偷"了出去，悄无声息地干掉了"车"，这才将剧情发转，我们实力相当，拼死了所有的人，我方剩"国王"和"象"，爸爸还有"国王"和"兵"，看来我占优势。当我吃去"小兵"时，我心花怒放，可"象"还是被爸爸吃去，双方平局。

这次对战不但提升了我的棋艺，还十分有趣。

# 对游戏魔鬼说"不"

许 多

"许多，别玩电脑了，作业写了没？"老妈在厨房向我喊道。"知道了。"我漫不经心地应了一声。

又过了一个小时。"许多，快来吃饭！"老妈再次喊到。"耶！胜利了。"面对刚大赢的一场游戏，我不禁沾沾自喜，怀着愉快的心情去吃饭了。

吃完饭我又看了一会儿电视，正想再去打电脑，我又看了一眼钟。"妈呀，都七点半了，我作文还没写呀！"我急急忙忙抄了一篇。

"许多，你作业质量为什么这么差？全是错的！还有，这篇作文你是不是抄的？"一大早，老师就在严厉地批评我。我就这样浑浑噩噩地过了半个五年级，直到有一天——

"丁零零，丁零零……"门铃声响起，我知道是我妈回来了，赶紧关掉电脑，拿了一本书扔在床上，就去开了门。我忽然发现我妈妈后面还有一个人，定睛一看，居然是长期在外打工的老爸。老爸先是和我拥抱了一下，然后说："多多，告诉你一个好消息。这几年我为了挣钱，都没能好好关心你们娘俩，现在决定留在南通了。"老爸来到书房，看到里面情况，问我："你刚才在干吗呢？"我撒谎说："我刚看书呢。"老爸忽然伸手去摸电脑主机，一下子就心领神会。

我疯狂玩游戏的事情被老爸发现后，他狠狠教育了我一顿，并给我提了一个建议："你以后周五、周六、周日，游戏时间不超过两个小时！"一开始我很不高兴，但后来也就习惯了。

两个月过去了，我成绩从七十几分上升到了八十几。老爸又对我提出了要求："现在周末游戏时间缩短到一个小时，但你如果表现好，可以带你出去玩。"我欣然同意了。

现在的我已经不玩游戏了，成绩上升到九十几分。我要向游戏说："游戏魔鬼，你让我失去的太多了，现在你滚吧！"

# 遇见另一个自己

蔡支涵

晚上十点，我还在奋力地赶作业，明天要进行模拟期末大考，低于九十分的人可是要抄课文的。

　　晕头转向之际，我看到了《幸运的三十六计》这本书，便想打开看看。这时，妈妈派来监视我的家教老师小岚走了进来，我连忙把书藏了起来，可惜，还没来得及，就被发现了。

　　"我不是不允许你看这本书的吗？这本书里全都是对你学习不利的方法。"

　　"知道了啦！"

　　"知道还看，你的前途会被这本书给毁了的。"说着，便把这本书撕成了碎片。

　　我看着满地的碎片，叹了口气，继续埋头赶作业。突然传来"咚咚咚……"一阵敲门声，着实把我给吓了一跳。我战战兢兢地问："谁…谁这么晚了来找…找我？"

　　"是我。"

　　"你是谁？是人还是鬼？"

　　"我是《幸运的三十六计》里的精灵。"

　　"进来吧。"

　　我吓得倒吸一口冷气，眼前的精灵就像是镜子里的我，一模一样，连根头发丝儿都没变。"我叫小鱼儿，《幸运的三十六计》受到损坏，我就会出现。"精灵自我介绍道。

　　"那么，你能帮我一个忙吗？明天我有考试，很重要，你去帮我考试，好吗？"

　　"没问题！不过，你要喝下这瓶隐形药水，以免被发现。"

　　"OK！"

　　我喝下隐形药水，跟着小鱼儿来到校园，只见她自信满满地走进教室，老师发试卷了，小鱼儿拿到试卷，飞快地写了起来，十分钟不到，她就写完了，老师有点儿不敢相信。

　　"蔡支涵，你平时是班里最差的学生，你不要检查吗？"

　　"不需要！""好吧！"老师无奈地把试卷收上来。只见她瞪大

104

眼睛，张大嘴巴，完全可以用目瞪口呆来形容。

老师宣布："蔡支涵，这次你考了一个意想不到的分数——零分！"

我一下子瘫坐在地，恨得牙齿直痒痒："小鱼儿，看我回去不给你好看！"

突然，我觉得自己下身有些湿漉漉的，哎呀，不好，我竟然忘了小鱼儿的嘱咐，"三十分钟后隐形药水就会失效，慢慢融化。"我赶紧往家飞奔而去。

回到家，我"哐当"一声关上门，软软地瘫倒在地，只见，小鱼儿正坐在沙发上看电视、吃薯片呢！我顿时火冒三丈，指着小鱼儿大骂："我让你去帮我考试，你却给我考了个零分，你…你欺人太甚……"

"我是答应帮你考试，我履行了，可我没答应帮你考满分呀！"

"你……你……"我指着她的鼻子，竟无言以对。

"好心没好报！哼！我走了！"说完，她甩门离开了。

"砰……"我突然惊醒，一身冷汗，只见《幸运的三十六计》好好地躺在书桌上睡觉呢，顿悟，原来是一场噩梦！

# "虫"迷心窍

陈沛衡

自从上个月在校园的花坛里捉到一条萌萌哒的夹竹桃天虫幼虫，

我就不可救药地迷上了各种各样的昆虫。一有时间我就去捉虫子给我妹妹写观察日记，简直到了"走火入魔"的地步。

傍晚，我软硬兼施地对妹妹进行"威逼利诱"，要妹妹加入我的"虫虫特工队"，前往附近的小区寻找虫子。我下了"圣旨"，妹妹哪敢不从，只好乖乖地当了我的小跟班啦！

我说："那些老奸巨猾的虫子，往往会在傍晚的时候倾巢而出，啃吃嫩叶，天一暗又找隐蔽的地方躲起来。这时候去，正好把他们捉拿归案！"

我带着妹妹在附近的花坛里四处转悠，寻找虫子，只要看到植物的叶子上布满了虫眼，我就立刻提高了警惕，像猎人发现了猎物的蛛丝马迹一样兴奋。通过虫粪的大小，我还能准确判断出这些虫子的大小。

我用小棍子扒开密密丛丛的叶子，东瞧瞧，西找找，看能否捉到"虫犯"。这时候，只要"按洞（虫洞）索骥"，要找到它们简直是易如反掌。如果这些虫子的体形较大，那么恭喜这些被我捉到的"虫客"，即将在我家享受"叶来张口"和"豪华总统套房"（塑料鱼缸）的优待厚待遇啦！

辛苦总有收获！到了晚上，家里的瓶瓶罐罐里就装满了各种嫩叶和各式虫子。看见"豪宅"里面那些多萌虫，我笑逐颜开，仿佛捡到金元宝一样："这些虫子一生要经历卵、幼虫、蛹、成虫四个阶段，每个阶段又有奇妙的变化，这可是你写日记的绝佳素材哟！"

现在，我们家里成了昆虫的天堂，有从栀子花上捉来的螳螂若虫和蝈蝈若虫，有艳丽迷人的龙眼鸡（即长鼻腊蝉），有酷似外星来客的夹竹天蛾幼虫，有"猪脸萌神"美称的木兰青凤蝶幼虫，可怕的"蟒蛇虫"——旋花天蛾幼虫，有似鸟屎一样的玉带凤蝶幼虫，还有水青粉蝶幼虫、菜粉蝶幼虫……

为了更好地指导妹妹写观察日记，我还在繁忙的学习之余，抽出宝贵的时间给我妹妹查阅各种昆虫的资料，还要无微不至地照顾这些娇弱的小萌虫，忙得焦头烂额。

妈妈由衷感慨道："别人家的孩子都忙着看电视、打电脑、玩游戏，而我的儿子却在乐此不疲地研究虫子呢! 真是'虫'迷心窍不开窍。"

# 金蝉脱壳

钱浩燃

在你忽略的地方，有一个精彩的世界，这里幽暗神秘、虫鸣草香……它是昆虫的世界。

暑期生活，昆虫小组的捕捉计划当然不能停下脚步。而且，有一次捕捉，让我看到了真正的"金蝉脱壳"。

生为昆虫小组的一员，对昆虫可是情有独钟。一天晚上，我拉着老爸捉了好几只蝉，想看金蝉脱壳，可蝉儿就是不听。半夜，我起床上卫生间，顺便看了一下蝉，没想到金蝉脱壳开始了。蝉儿在树枝上用脚紧紧钩住，尾部有了动静，它的尾部正在扭伸，声音从小变大，动作也越来越剧烈。"咔"的一声，一条小裂口出现了，蝉儿再接再厉，声音连续不断，小口子也慢慢地变成大裂口。突然，咔咔作响的蝉壳终于裂了好多口子，正当这欢乐的时刻，蝉儿却死一般的不动了。我担心不已，一分钟过去了，蝉儿又复活过来。尾部剧烈摇晃，这一摇，壳像上了油一样让蝉儿尾部抽出来，白嫩嫩的尾巴滑出来了。紧接着，头部开始伸缩，蝉儿白嫩嫩的尾部又帮上了忙，尾部用力一缩，蝉头上的壳有些声音……蝉头开始半露，紧接着蝉头用力晃动，加上尾部帮助，很快让蝉头部的壳裂了许多，最后挣脱了头壳的束缚，蝉头从壳中抽出。普通的蝉都是头—腹—尾这个顺序脱壳的，这只蝉儿有点儿与众不同。过了一会儿，这只蝉儿开始脱腹壳，只见蝉儿的头尾上扬，接着下降，反复十几次，壳子却无一点儿变化。我拿起剪刀，轻轻一剪，为蝉儿脱壳开了个小口子。灯光下，隐约看到六只小脚，努力外蹬，口子被越扯越大，最终成功脱壳。

金光闪闪的蝉壳，栩栩如生停在树枝上，好似还是一只没脱壳的蝉儿，可从背部的大口子看，这不过是只空躯。蝉儿刚脱完，全身灰白，然后暗绿，最终变成黑色。那只有米粒大的翅膀，渐渐地舒展开，黑色的筋脉联结着膜。

观看金蝉脱壳真是一次奇妙的经历，它让我感悟到：在看似平淡的日常生活中，时时刻刻都在演绎着精彩的故事，只要我们有心去发现，就能找到很多乐趣。

108

# 螳螂捕食

浩 然

前几天，我家又来了一位"住客"。它是妈妈送给我的国庆礼物，它给我带来了许多惊喜，它就是——螳螂。

国庆八天假，在家闲着也是闲，作为昆虫小组的一员，我去仔细观察了螳螂。一天，我突然想起了螳螂已经好久没吃食物了，于是，我抓了一只蚂蚱给它吃。在生态饲养箱中，为了仿照野生环境，我放了几株植物，这就大大地帮助了螳螂在植物中"隐身"，它那碧绿的外衣与植物的叶片相辅相成，天衣无缝，远看螳螂和叶片融为一体，仔细观察，破绽也难以发现，身上花纹模仿得和叶子一模一样，栩栩如生。螳螂慢慢地靠近蚂蚱，每步都小心翼翼，很快螳螂和蚂蚱只有一步之遥。可是，螳螂不会物理学，在叶片上两头难以保持平衡，叶片挂了下去，在一边做"表情包"的蚂蚱敏捷地跳走了，螳螂一头栽落。

螳螂毫不气馁开始了第二次尝试。刚才的蚂蚱跳到了底端的竹竿上，这给螳螂制造了一个大好时机，它已经占领了制高点。螳螂爬上了蚂蚱上空的叶片，这次的伪装依然是完美无瑕，螳螂用它那大长腿钩住叶片，镰刀模样的前肢向蚂蚱伸去，叶片依然没有撑住它的体重，一下子弯了下去。说时迟那时快，螳螂以迅雷不及掩耳之势用1/25秒的速度砍下去，前肢死死地夹住蚂蚱，两根大刺叉入蚂蚱的身体，蚂蚱无谓地挣扎，不一会儿，就不动了。螳螂腾出一只"镰刀"把蚂蚱的头夹断了，开始吸食蚂蚱的体液。

109

昆虫食物链的顶端非螳螂莫属，这种弱肉强食的"竞争"可真精彩！


# 抖 空 竹

邵米琪

午后总是那么静谧，秋日的阳光温暖地洒在城市的每个角落，鹅黄色的光斑灵活地跳跃，空竹的"嗡嗡"声奏成轻柔的音符，传递在珠媚园的每个角落。

空竹在线上来回滚动着，忽然轻轻一抖，它便抛上了天，急速地旋转，仿佛灵动的舞者在飞快地舞蹈，化为缥缈虚幻的光影。我仰头轻眯双眼，望着光影仿佛融进阳光里，让人只听见声音，却不能看见。可是，它又在蓝天中划出一道优美的弧线，轻巧地落在细细的、反射着亮光的线上。空竹如同一位淘气的孩子，蹿入母亲那宽厚的胸怀，又如同一颗浮躁的心有了着落。它安稳地缀在线上，如同一条华贵而又做工精细的项链，令人赞叹。空竹又华丽地抛起，降落在线上，我已被它深深折服。

好戏又开始了，刚刚稳下的线，又开始有节奏地晃动，带着空竹骨碌碌地转，幅度变得越来越大，仿佛在积蓄某种力量慢慢地酝酿一种气势，幅度大到极致，划出一道道刺眼的光芒，突然地又感到顺其自然地从纤细修长的线的束缚中努力挣扎出来，直向空中冲刺，有一种冲破云霄的架势。

迎着柔和的阳光，成了一幅剪影，空竹快乐地飞舞，像一只活蹦乱跳的小鸟在自由自在飞翔，总让人感觉它在云里穿梭。突然又化身凶猛的老鹰，俯身冲下来，我着实捏了把汗。这突如其来的坠落，多么让人措手不及，定睛一看，空竹又被不偏不倚地牵住了。还没等围观的人拍手叫好，一瞧，它又悠然跃上天，像蝴蝶，又像一位有情调的文人雅士，它要欣赏够了再下来。心满意足后，它优雅地滑下来，仿佛有风将其托住，但刚一触到，又像受了刺激，猛烈地弹起来。

太阳西沉，天空仿佛一块染过的画布。空竹表演结束了，但那一幕幕精彩的场景仍在脑中回荡。

# 走一走东坡之路

张　筱

　　呷一口浓茶，品一句小诗。小扇轻摇的时光里，自是少不了书香做伴。诗意，在骨子里渗透。可那样的生活，略显单调。为何不利用七天的时间，走一走古今中外我最崇拜的大文豪——苏东坡之路，给生活加点儿诗意呢？

　　第一站，当数苏轼的故乡眉山了。曾在网上看到过眉山的照片，有山有水，如世外桃源般美好。可我还是没有想到，眼前的眉山，风景更是秀丽。四下的美景委实让我吃了一惊，山峦绵延起伏，水雾迷迷蒙蒙地从江上升起，让我迷醉。

　　江水在阳光下一闪一闪的，闪烁着比钻石明亮万倍的光芒。我揉揉眼，想看得真切些，这可千真万确是眉山——苏轼的故乡啊！

　　眉山最吸引我的，还是"三苏故里"。那里粉墙黛瓦的古建筑，让我流连。欣赏着大文豪的书房，心里的激动，是不消说的。看，那支苏轼用过的狼毫毛笔上，沾染了岁月的痕迹，虽已千年未用，可我隐约还能闻到淡淡的墨香。

　　从景区出来，太阳早已没了踪影。月上柳梢头，明月光照亮了我前进的路。望着那轮饱满的明月，我想到了苏轼的《水调歌头》："明日几时有？把酒问青天。"苏轼那时是多么的愁苦，想借酒消愁，可愁更愁啊！三杯两盏淡酒，怎敌他政治失意之苦？"但愿人长久，千里共婵娟。"可苏轼毕竟不一样，旷达乐观，仍然怀有美好的情怀。

一觉睡醒，走到窗边，拉开窗帘，感受曙光的润泽。放眼远眺，见一塔矗立于一湖旁，那不是雷峰塔吗？原来，我又来到了杭州。

烟柳笼纱，波光树影，鸟鸣莺啼。这是"苏堤春晓"的三月风光。苏堤是当年苏轼带领杭州老百姓亲手挖建的。在这里，可以看到风情万种的柳树，撑着红伞从烟雨朦胧中走来的白娘子；也可以听听泛舟湖上的艄公唱的美妙歌谣，虽听不懂，却能感受到地域风情……"水光潋滟晴方好，山色空蒙雨亦奇。"是晴是雨，对西湖来说已经不重要了，因为她就是大美女西施，浓妆淡抹，总是美艳。

这七天的时间里，我一直在诗的意境里游走。我到了密州，吟诵起"老夫聊发少年狂"。品尝了东坡肉，肥而不腻。未见其物，先闻其味。它的香，使我的鼻翼不自觉地翕动。苏轼的名画《惠崇春江晚景》，被誉为天下第二行书的《寒食帖》，也都是必赏的……

走一走苏东坡之路，领略苏东坡旷世才华。这七天，快乐、充实，且为我枯燥无味的生活平添了几分诗意。甚是美好！

112

# 江水掬城南通美

江费杭

我想，玉皇大帝对南通一定是偏心的，不，简直是独有钟情。黄海、长江、濠河、五山都是这份情的见证。

长江，一个多么美好的名字。清晨，雾朦朦胧胧，像新娘的丝裙，又像棉花糖，在太阳刚刚升起的一半红通通的笑脸的映衬下四散开来，笼罩在江面上，在港口停泊的未开出的船只上。远远的天边，客轮缓缓驶过，稍不注意，一晃便不见了……在云雾缭绕之中，雾气跟随着长江水，不知不觉飘荡到五山之边。云雾缠绕在五山之腰，狼山在雾气中更挺拔了，剑山在雾气中更清秀了，军山在雾气中更俏丽了……五山手拉着手、肩靠着肩成为守卫南通的巨人。山上的奇花异木，险峰怪石在接受雾气赋予的灵气后，仿佛都活了过来，成了跟五山一起守卫南通的巡逻兵。

那是一种多么美好的赐予啊！"滚滚长江东逝水"，灰色的江水席卷着泥沙滚滚奔流，"长江之水天上来，奔流到海不复回"。在经历了曲折无数的种种艰难后，长江汹涌开山而行，正如三国时期各位英雄豪杰的壮志酬勤，满怀着咆哮与欢呼，席卷天地，浊浪排空，如思乡游子重扑母亲的怀抱，以百倍的热情重温母爱。

长江最有特色的就是傍晚了。一轮火红的夕阳从天边缓缓西沉，他披着火衣，睁着火眼金睛，注视着江面。风呼呼地吹，站在江边，风带来一丝丝彻骨的凉意割面而去。太阳沉得越低，风也越大，呼呼的狂风，席卷着红色的长江水，使长江水翻滚不停。落日火红的余晖，与江水交相辉映、相得益彰。浪花拍打在岸边的礁石上，这一次次的惊涛拍岸激起"浪花数千层，白雪飘万里"……

长江，是南通最亮丽的一条绸带，最亮丽的一道风景线。

宛如一道彩虹，横跨长江的苏通大桥位于江苏省东部的南通市和苏州（常熟）市之间，建设时期，创下多个世界第一的记录，让我们南通人民倍感自豪。

"一人一城一桥一大学"是南通的名片。清末状元张謇，缔造了中国近代第一城的伟大实践和理想，给我们树立了创业奉献的楷模。南通大学正以她的深厚底蕴和实力成为无数学子向往的求学殿堂。

113

　　长江如一双巨人的手，紧紧把南通掬在怀里，她以母性的慈爱滋养着南通的春夏秋冬；长江是上天赐给我们南通的一块天然丝带，她赋予南通灵性和包容的胸怀；长江，我故乡的歌谣，日出日落，是一首永远唱不完的乡愁和眷恋。

　　江水掬城南通美，江风海韵共陶醉。

# 窗

陈欣妍

　　一面窗，就是一种生活；一面窗，就是一场电影；一面窗，就是心灵的交融……

　　一面窗，就是一种生活。当窗外绿树阴阴，阳光清洒而下，小鸟偶尔叽喳叫上几声，你的心也会随之慢下来，安静下来。你就会不由自主地想坐下来，品上一杯茶，或吃点儿小甜点，再看一本自己喜欢的书。这就是诗意而又安宁的慢生活。而当窗外的声音杂乱，四面都是高墙耸立，天空灰暗而压抑，你肯定会感到压力十足，只能不停地工作、学习，要是休息半分，你就会压抑无比。这就是呆板的快生活。

　　一面窗，就是一场电影。当你的窗外正对着一个公园，那可恭喜你了。当你每天拉开窗帘之时，你便能观看上一场"电影"了。看那一个个孩子充满活力地奔跑着，老人们正在练太极拳，母亲们疼爱地看着自己的孩子，生怕他受伤……那一幅幅画面是那样的和谐，那不正是电影吗！一面窗，就是一场电影。

一面窗，就是心灵的交融。你也许会问，一扇小小的窗户怎么能是心灵的交融？当然能！只是这里的窗户是你的言语和眼睛而已。当你的眼睛与别人交流，当你同别人敞开心胸交谈，你的心灵就正在与别人的心灵交融。一面窗，就是心灵的交融。

一面窗，可以做千万篇文章；一面窗，可以表达很多东西。四处无不是窗，窗可代表的也永远不是表面而已。

# 我有我的精彩

王晨巍

我一直是个不被注意的孩子。我既没有俊秀的外表，也没有骄人的成绩，大家很少把目光停留在我的身上。但，我也有一颗要强的心，我曾无数次地梦见自己变成了一只白天鹅，可是醒来才发觉那只是个童话。就这样，在失落和无助中，我渐渐长大。

新学年开始后，我们班换了一位新的语文老师，她活泼开朗，总喜欢和同学们打成一片。不久，学校一年一度的演讲比赛就要开始了，按规定，语文老师要从本班选派两名选手参赛。

语文课上，同学们跃跃欲试，纷纷举手报名。受到他们的感染，我也想举起手来。可转念一想：就我这口才，就我这水平，老师会选我吗？于是，手举到一半，又立刻缩了回去，我装作若无其事地坐在那里。但是，老师敏锐地看出了我的心思，用手一指，对着我说：

"王晨巍，算你一个吧。"

我顿时惊慌失措起来，连忙摆手，结结巴巴地说："老师，我怎么……怎么……行呢？"可老师信心十足，态度很坚决："就这么定了！"

老师看着我，同学们看着我，我除了努力还能怎么办？从第二天起，我每天早晨五点钟就起床背演讲稿，晚上睡觉前，也不忘再来一遍。演讲稿背熟后，我又找来录音机，把自己的"实况"录下来，然后一遍遍播放，找出不满意的地方，反复修改。看到这种情形，爸爸妈妈都说我中了"神咒"，乌鸡要变彩凤凰。

很快，比赛的日子到了。台上，选手们一个个讲得绘声绘色，不时博得大家热烈的掌声。我又忐忑不安起来，"我能行吗？我还是偷偷溜走算了"。可是，一想到老师的信任，班级的荣誉，我告诉自己必须向前！

"请12号选手——王晨巍——上场！"主持人喊到了我的名字。我走到台上，紧张得头也不敢抬。我偷偷瞄了一眼台下，忽然看到老师正坐在台下，用期待的眼神看着我。我不知哪来的勇气，马上抬起头，饱含热情地把演讲稿大声"背"了出来，铿锵有力……

结果，我出人意料地夺得了桂冠。上台领奖时，老师拍拍我的肩，高兴地说："你真的很精彩！"刹那间，我的眼泪夺眶而出。

是啊，一直以来，我都没有给自己施展才华的机会，被自卑压制了个性。我现在终于明白：只要努力，我也有我的精彩。

# 给生活加点儿诗意

　　给生活一点儿诗意，就要我们去发现，去把握，去聆听，去分享。给生活一点儿诗意，就是给世界一份美。只要人人爱美呵护美，让这份诗意常在，那我们走过的地方，处处是花园。

# 给生活加点儿诗意

小 杭

诗意是我们生命里美好的情怀，诗意是传统文化中沉淀的底蕴，诗意是日常生活中动人的瞬间，诗意是对美好事物的欣赏和呵护。

明月松间照，照一片娴静淡泊寄寓无栖息的灵魂；清泉石上流，流一江春水细浪洗劳累庸碌之身躯。喝一杯咖啡是享受，看一本书是享受，无事可做也是享受，生活本身就是享受，生命中的琐碎时光都是享受。

初秋的早上，我一般起得较早，第一缕阳光把我叫醒。推开窗户，看着太阳，也看着小区的一花一木一草一物。楼下一小块土地上各种植物迎来了新的一轮旭日东升，铆足劲儿冒着。凉爽的秋风轻盈而又无法捉摸，云朵有聚有散。一只只鸟儿停留在电线上，如一点点音符演奏着清晨最曼妙的乐章。这一切的一切都似在诉说着生活的美好。

正如柏拉图所说的：如果你有两块面包，你当用其中的一块去换一朵水仙花。没错，食物只能让你感受到食足饭饱。而一朵花、一棵草、一株树却给我们的生活增添了一片诗意。

生活中的诗意也许应该如陶渊明的"采菊东篱下，悠然见南山"般清闲自得。

生活的诗意或许应该如李白的"仰天大笑出门去，我辈岂是蓬蒿人""长风破浪会有时，直挂云帆济沧海"般的飘逸、洒脱。

生活的诗意或应如易安居士李清照的"知否，知否，应是绿肥红瘦""争渡，争渡，惊起一滩鸥鹭"般的温婉简约。

品一杯香茗，手捧一本《诗经》，放飞自己到静谧温馨的心灵田园，让自己的心灵沉淀沉淀再沉淀。在现代都市的喧嚣声中获取一份宁静，这难道不是诗意吗？

诗意不在远方，也不在云端；诗意不是空中楼阁，诗意要珍惜发现呵护。给生活一点儿诗意，就要我们去发现，去把握，去聆听，去分享。给生活一点儿诗意，就是给世界一份美。只要人人爱美呵护美，让这份诗意常在，那我们走过的地方，处处是花园。

# 小小的生命

唐张睿

生命永远是需要阳光的，不管是动物还是植物。他们只要有生命，都不会被死神束手待毙，尽管有时会显得那么弱小。

## "蚂蚁军队"

一只形体弱小的蚂蚁熟门熟路地爬出了蚁洞，沿着小路一旁小心地寻食，时不时就停一下，仿佛嗅到了危险的气味。走了一段时间，为了不离蚁洞太远，而遭遇危险，同时也省时，他立刻换路，继续寻找食物。几分钟过去了，蚂蚁终于寻找到一个苹果核。小蚂蚁惊喜万分，不管是否安全，立即返回蚁洞，似将军般地组织起军队，浩浩荡荡地朝美味的食物进发，十几只蚂蚁连成一条黑色的细线，按着"将军"的路线前进。刚一到苹果核，蚂蚁们脚踏地，头顶苹果核，竟想把苹果核掀开。一秒，十秒，二十秒……苹果核竟被掀开了一条小缝。此时我仿佛听到了他们劳动的号子。小身材蚂蚁钻入缝中，又有一些蚂蚁转到后面，从后面托住苹果核。接着，苹果核竟开始移动，慢慢，一点点，颤抖着被移到了洞口。忽然蚂蚁们似用尽了所有的力气，朝洞口一扔，终于完成了他们的使命。

多么互助而勇敢团结的蚂蚁军队呀！

## "扁豆"

扁豆正在支架上沐浴着阳光，它一身绿装散发着青春、阳光的力量。扁豆茎纤细，你得仔细瞧才看得见它，芽头长出了鲜嫩的绿叶儿。摸一摸它竟带着黏性，正是这生存的黏性，才使它可绕在支架上。别看它柔，它弱，但我却能分明感到一股强劲的生命力。只要你给扁豆支架，它的茎便会永不疲倦地向上长，向上绕。它们渴望阳光，将头伸得高点儿再高点儿，离太阳近点儿再近点儿，仿佛要造一架天梯与太阳会个面儿。一夜之间，它就能长出好高，去登上那云朵，去爬上那月亮。生命在此开放，我看到了扁豆花开了又谢，谢了又开，豆荚一天天饱满。这时，扁豆会骄傲地说："我成功了！"

小小的生命总不会因为它小而平凡。它们仍会骄傲地，昂着头去书写着它们的一生。

# 给生活加点儿诗意

陈 墨

如今人们的生活是忙碌的，在难得闲适的时候，却又不知做什么好。这时，不妨用诗意让自己放松下来，回归淳朴的"慢"生活。

那年暑假，我百无聊赖，便独自去小区里的公园转一转。

阳光洒遍大地，照在身上暖暖的，不时，一阵微风拂过面颊，让人感到发自内心的凉爽。走进了竹林，漫步在青石板路上，满眼翠绿尽收眼底。我惬意极了，懒洋洋地穿梭于翠绿欲滴的竹海中。偶尔一只蛤蟆腾地跃起，惊起两三只蝴蝶，打落了几颗晶莹的露水，给寂寞的竹林平添了几丝生机。我陶醉在这一方有蛙鸣虫语的乐土中，不知不觉走到了临河的小亭子，这小亭子年久失修，但柔美的飞檐与竹子上的残漆仿佛向来人讲述着亭子前世今生的故事。

徒步结束后，我想起了常建的一句"竹径通幽处，禅房花木深"。不禁诗兴大发，随手写下了"青竹林中绿未尽，古亭风雨荣已消"。读了几遍，兴奋极了，第一次体会到了创作诗词的乐趣。从此以后，我去旅行时，总会随身带上纸笔，记下脑海中突然冒出的灵感。

在南通博物苑中记下"博物院志载千秋，通城冠神州"。在西湖旁岳王庙记下"识尽人间黎民苦，精忠报国把寇杀"。在华山落雁峰记下"叠崖利似刃，草木断石生"。

渐渐地，写小诗成了我的爱好，爱旅行的我也走遍了大江南北。

书法是我的特长，而这些小诗也让我的作品更加丰富，虽然有些小诗和打油诗差不多，但书法的重新演绎让它变得更具文学气息。

从那次小小的出行开始，我的生活便有了许多诗意，旅行时了解大自然，空闲时写半句诗，或写一幅书法。诗意渐渐丰富了我的生活。

希望大家都能在生活中挤出空闲时间，品几口茶，看几页书，写几句话，走几步路……

给生活加点儿诗意，让回忆多些美好……

# 行云流水的现代京剧

米 琪

我爸爸是一个十足的戏迷，他在北京工作的一段时间，可是国家大剧院的常客。这回，他带我一起到更俗剧院观赏现代京剧《青衣》，这可真是千载难逢的机会啊，我的心里像浪花一样欢腾。

剧院里座无虚席，一眼望去全是白发苍苍的老者，我显得有些格格不入。爸爸轻轻地对我说："这些可都是票友！"我疑惑不解地问道："票友是啥意思呀？"爸爸笑呵呵地说："就是京剧的粉丝！"我如同拨开云雾见到青天，静静等待开场。

琴声起，帷幕开。偌大的舞台一桌一椅，一件青色的戏服从天而降，女主角筱燕秋轻移莲步，来到舞台中央，意犹未尽地回忆起早年自己扮演的貌美如花的嫦娥，不禁黯然泪下。她身材典雅颀长，没有浓妆艳抹，一袭湖蓝色的长裙，婀娜而不妖媚，素雅而不冷淡，显得高贵不凡。

悠扬的琴声再次奏响，蓝色的幕布映入眼帘，一轮皎洁的明月升上天际。早年的嫦娥翩然而至，款款的步伐，飘飘的衣袂，长长的水袖，这浑然天成的美让我惊呆了。长长的水袖舞动起来，如丝般飘逸，又如同天边踩着舞步飘来的祥云，美不胜收。

转眼间，琴声急促起来，如同惊涛骇浪，又如万马奔腾，筱燕秋的两片嘴唇上下翻飞，唱词就像水龙头里的水似的涌泄出来。最后那句冗长的拖腔，如万千的水声，洪大、悲壮、激昂，全场一片哗然，掌声雷动。忽然，琴声以迅雷不及掩耳之势缓慢下来，筱燕秋的唱腔来了个一百八十度的大转变，变成涓涓细流悄然而至，沁人心田，不禁让我大为惊叹。

一桌、一椅、一角儿，简单的舞台，丰富的情节，多变的唱腔，足足让我沉迷了两个多小时。我虽只是一知半解，但京剧的魅力变幻无穷，确实是名副其实的国粹。

123

# 舞台，如此美丽

施宇桐

期末才艺汇报演出的舞台上。

"青春，是一首欢歌；青春，是一支热舞；青春，也是我们永远沸腾的热血。有请施宇桐带来一首小提琴独奏《花儿与少年》。"

场上所有同学的眼睛忽地就亮了起来，那耀眼的光一下子朝我直射过来，恰似漫天星辰散落身体。我站在舞台中央，感受着光束轻轻覆盖着我的每一寸肌肤，仿佛是给予我莫大的鼓励。我低下头深吸一口气，继而微抬头看着台下的同学，那一双双眸子无不在提醒我：现在，是我主宰着比赛！

拿起小提琴的感觉并不陌生，仿佛是与一位老友会面似的，而接下来的三分钟，便是我的时间。

当第一个音符从指尖滑落，便是沉沦。轻钩一弦清脆似鸟鸣，山涧中偶有飞雀一只，高立枝头，蕴含着着春的生机。轻启二弦清浅如细流，山间溪流潺潺蜿蜒而下，溅起的水花似玉屑银末，微洒池上，阳光下泛着金色的光芒，美好、幽秘。三弦则是稳重的学者，不娇饰，手里一把竹扇，一卷经书，慧眼中掩不住的岁月沧桑，它与四弦近似。四弦则是湖边静卧残阳余温的老者一位，叙述着陈年旧事，小酒一盏，朦胧间，一生岁月悄然流逝。

每按下一个琴弦，便是一个故事。琴音自琴弦泻九尺，恍若蝴蝶双飞，恍若银碗盛雪，又恍若三千年岁月敲墙，朴树的沧桑嗓音……

一曲奏罢，最后一、二弦的双音结束了三分钟的曲子。我深深地鞠了一躬。那一刻，掌声如雷鸣，那一双双眸子里含着光与彩，那是肯定，是我坚持下去的动力。先前那些紧张又凝重的气氛立即消散，如火般热情将我环绕。

现在，我用一把小提琴把音符变身为欢快的精灵。让大家记住我，与我的小提琴。

舞台，如此美丽。在我成长的道路上散发着自己的芬芳，伴着芬芳，锻炼自己。一把小提琴，便是一个世界；有那把小提琴在的地方，永远是我如此美丽的舞台……

# 拔河吧，蟹王

马晨昱

秋风起，蟹脚痒。你见过斗蟋蟀，见过闻名天下的西班牙斗牛，没见过斗螃蟹吧？今天，我和妈妈一起斗螃蟹。

我和妈妈先做赛前准备，我们定好了拔河的中线，并找来一根红绳子。我们选了一只叫"飞檐走壁"的公蟹，因为它很厉害，浑身充满了活力。还选了一只叫"女汉子"的母蟹，它是母蟹中最厉害的一只。我们把它们俩绑在红绳子上，我心想，它们一开始会神气活现的吧。没想到，它们俩好像在喝咖啡一样，十分悠闲，像在养精蓄锐。我便对它们说道："你们可得好好比赛，不然，我就把你们给吃了！"

我清了清嗓子喊道："我宣布'拔河吧，蟹王'争夺赛正式开始！"两位"武士"开始了激烈的拔河比赛。"飞檐走壁"一开始就使出了吃奶的力气，它的八条腿紧紧地抓住绳子，身子慢慢地往后拉，一下、两下、三下……哈哈，只见它左边的四只脚在前，右边的四只脚在后，终于显出了优势。"女汉子"用出了它的战术，前半局它省了省力气，后半局它不甘示弱，用力，用力，再用力，好不容易拉回了一步。"飞檐走壁"力气使在前面，现在快没力气了，一下子变成了个泄气的皮球。"女汉子"的战术成功了，看来"飞檐走壁"

也只能乖乖地认命了！

最终，这局"女汉子"赢了，不愧被称为"母蟹之王"啊！"飞檐走壁"满地乱爬，好像在小声嘀咕："哎，我失败了！""女汉子"挥舞着大螯，像威风凛凛的大将军举着胜利的战旗。我抓着"女汉子"，将它高高举起，又清了清嗓子说道："我宣布，这次'拔河吧，蟹王'争夺赛获胜者是鼎鼎大名的'女汉子'！"一旁的爷爷奶奶、爸爸妈妈对着我和我的"女汉子"使劲鼓掌。

"斗蟹乐翻天，快乐无极限！"这次的斗蟹活动，又给我小学生活留下了一个美好的回忆！

# "含羞"草

夏张扬

花有百种，亦有百态，不乏那热情似火的牡丹，不乏那温文尔雅的睡莲，独缺那静谧清淡的含羞草。

祖母的窗台外又多了几株绿植——含羞草。那嫩绿的枝叶贪婪地呼吸着窗外的空气，享受着阳光沐浴，我爱极了。征得祖母的同意，我将其带回家，祖母嘱咐"这花耐不住急性子"。含羞草正如其名，你拨弄它的茎、叶，它总是"受宠若惊"地收起叶子，像害羞的少女一般缩起身子躲了起来。我特别喜欢拨弄它，热情地跟它打招呼。当天气晴朗之时，将其轻轻搬到阳台去晒太阳，到傍晚时分又把它搬到室内，浇浇水，无微不至地呵护着，盼望着它长大开花。

可是它似乎日见萎靡，那天刚回家便看到它匍匐在土上，叶色有些泛黄。我很不快，精心照顾了许久的含羞草并没有对我展现它那美丽的风姿，反倒叶色变黄，耷拉着，那般慵懒的模样越发不讨喜欢，多日的倾心付出却没有任何收获。失望之余，当初的热情就逐渐消散。

几日后再回到祖母家，祖母迎上来问："上次带回家的含羞草长得怎么样了？"我脸一下子红到耳朵根，跟祖母说起精心养花的过程，现在含羞草却失去了生机，很是沮丧。祖母听了，并没有责怪我，而是抿抿嘴笑道："你把它照顾得太好了。"我疑惑不解：为什么精心照顾之下反而会失去生机？我不禁有些苦恼，自己的热情付出却徒劳无功。

祖母看到我如此沮丧，将我拉到身边讲起往日的故事。她年轻时也是如此热情对待每件事，困难难不倒，只是随着岁月的流逝，祖母被世事所伤，她的热情并没有得到如期回报。于是她看淡了一些事，坦然地面对生活中的人和事。我听祖母的经历，明白了许多，热情让我们充满了希望和信心，当被岁月的车轮碾压之后才深知过度付出带来的痛苦，但智者不会为这些止步不前，要善于把握热情的尺度，方能收到最佳效果。

127

"孩子，没事，这边还有一株让你带回家，这花耐不住，急性子。"在祖母的指导下，我把含羞草放在阳台上，一周浇一次水，不去拨弄它的叶，如此反复，半个月之后，含羞草露出了花骨朵儿，渐渐花瓣展开了。一朵紫色的小花，如不食人间烟火的仙子，赤着玉足于云端翩翩而飞。

微风拂过，空气中氤氲着自然的气息。我贪婪地吸着，嗅着，陶醉着，惊讶之余，是深深的感动。

# 小小螃蟹我"点兵"

小 福

"金秋菊黄蟹正肥"，又到一年吃螃蟹的好时节。今天，我和妈妈去菜场买螃蟹。

一进菜场，就听见有人在大声吆喝："卖螃蟹喽！新鲜肥美的螃蟹！"我和妈妈围上去一看，又大又肥的螃蟹正在大盆里嬉戏玩耍。这时，有一只螃蟹似乎看见了我，便向我展现出它那威武的样子。它举着大螯似在摇旗呐喊，不一会儿，它敏捷地爬出了盆子，爬到了我的脚边，好像在说："小主帅，你选我吧！我是公螃蟹中最威武的一员。"有几只活灵活现的螃蟹张开八条长腿在旁边跳舞，舞姿铿锵有力，可以跟钢铁侠PK了。还有几只只顾埋着头，一个劲儿地吐泡泡，似乎在给表演的同伴营造最佳舞台效果。它们的声音十分有趣，"嘟、嘟、嘟"。

我看中了那只爬出盆外的"健将"，我给它取名为"飞檐走壁"，决定封它为"大将军"。我问卖螃蟹的阿姨怎么捉螃蟹，阿姨热情地答道："你可以轻轻地捉住螃蟹的脚，也可以小心地抓住它的身体。不过，你得小心！千万别被它们的钳子给夹住了，那滋味儿可不好受哦！"我胆战心惊地伸手去抓"大将军"，心想：万一手指被夹流血了怎么办？万一螃蟹突然从我的手上爬到我的手臂上怎么办？

"哎哟，我的手指呀！快来救救我！"一旁的妈妈看见了，笑着说："小心点儿！"说完，赶紧帮我把螃蟹拽了下来。我定睛一看，食指红红的，怪不得火辣辣地疼。我不甘心，继续抓。我右手大拇指和食指慢慢地靠近那只螃蟹，我开始发力，猛地向前一伸手，那只螃蟹就成了我的"俘虏"。它八只脚不停地挥着，两只大鳌毫无目标地乱夹着，好像要找出抓住它的人，但是，一切都是白费功夫。"哈哈，这一次我成功了！"妈妈在旁边鼓掌，说道："有进步！"

我继续"点兵"，选中了一只身材小巧的螃蟹，给它取名"小巧玲珑"，我觉得它很适合做体操运动员。我又看中了一只安静的"美男子"，它缩成一团，非常懒惰，我给它取名"懒洋洋"。最后，一只十分爱吐泡泡的螃蟹也入了我的法眼。

经过一番精心挑选，严格审查，我这位"主帅"高高兴兴地带着四位"小兵"雄赳赳、气昂昂地回家了。

# 倾听大自然的呼吸

文　涵

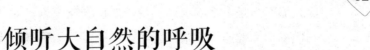

回到乡下，准备好好放松一下。慢一点儿，去等等灵魂；静一点儿，去听听大自然的呼吸。

清晨，小雨过后的乡村显得格外清凉，万物从雨水中苏醒。蝴蝶一如梦游人，晃悠悠的，不知要何去，又不知要何从。坐在小溪边，光着脚丫子，静静地聆听自然的呼吸，雨珠顺着芦苇的叶脉流下，滴落在水里，"啪啪，啪啪……"仿佛是在轻击鼓边，轻声细语地告诉鱼儿，"该醒醒了。"我的心中也不觉畅然，好像内心被敲醒似的。陶醉间，忽传来一声鸟鸣，"比咕咕，咕，比咕咕，咕！"，那抑扬顿挫的叫声好像开会前的铃钟，一时间，众鸟齐唱，共拨弦音。"扑棱扑棱"，什么声？循声望去，树上有鸟儿离枝，直奔云霄。一时我竟忘怀身之所在，情感也随之悠扬起来，它们的歌声让人们忘却忧伤、哀愁、劳累，甚至忘却年轮的流转。我想，我读懂了那一串美丽的音符，我仿佛感受到鸟儿展翅拂过我的发梢，轻柔而又美好。我静静地贪婪地聆听，聆听大自然清晨的呼吸。

傍晚，我爬上阁楼，坐在屋顶上。耳边传来一阵风声，它如同一个不安分的孩童，时而划过我的面颊，撩起我的刘海，时而使树叶蹁跹于空中，又轻置于石子路上。那细腻的风声直扣我的心房，好像和我在说悄悄话。然后，它又轻轻地离开了，在这温凉的风中，我的心醉了。

夜里，昆虫们好像约定好了，在人静时同唱一首歌，声音时高时低。那声音是多么的美妙轻悦，如诗一样浪漫，如歌一样悦耳，如梦一样梦幻。蛙声"咕咕"，蟋蟀"蛐蛐"，鸣蝉"吱吱"，它们合奏着一首月夜虫鸣曲，真所谓"独夜草虫鸣"！

的确，大自然总是让人迷恋不已。聆听自然，你会感受到自然的脉搏，体会到自然的悠然。所以，留只耳朵听听大自然的呼吸吧！

# 聆听秋的脚步

谱 仰

初秋，仿佛接到什么命令似的，天地间的色调逐渐由绿变黄了，仿佛是由活力最盛的青年迈向中年。

听，这是季节迈向秋的脚步！

坐在公园里，脚下草的长势早已不再繁盛，不再像春夏两季那么热情奔放，举着绿袖子跳着热情欢乐的舞。初秋的白露已经浸润并侵蚀了它们的身体，它们再也跳不动了。

初秋是丰收的季节，稻米结出穗子，青绿的柿子挂上枝头，连卑微的草儿也鼓囊着草英，那是来春新草的娘胎。

一切都在定型，一切都在为马上的丰收做准备。

看！那是秋季走过的脚印！

中秋，仿佛是一场政变，一夜间，秋风凛冽，万木凋零，代表秋的黄色彻底掰倒了统治夏天的绿。

仿佛是男人快要去戍守边关，天地这对情人快要分别了，天送给地一轮美满的月亮，让地想他时，便望一望这美丽的月。

听，这是季节迈着秋的步伐！

秋风拂扫，吹开遍地的菊花，那一朵朵，一簇簇紫红，淡雅，在风中展现傲丽的身姿。

看！那是秋季走过的脚印！

晚秋，仿佛是一夜间泼上的一层漆，世界走向了金色的巅峰！人间处处洋溢着丰收的喜悦，可真是"田家少闲月，十月人倍忙"啊！

听，这是季节迈着秋的步伐！

晚秋的云仿佛比他时薄了许多，春天是云裳，夏日是云袍，晚秋则是云纱。据说是天在走前向地告别，把千斤云撒在地，变成千斤的粮食，答应来春再来看地。

也许是肩上堆上了更多粮食，迈入秋的地球也要转得更慢些。

看那秋走过的脚印，多么悠然自得……

伙伴们，不要再忙于杂事，静下来聆听，秋已经从你身边走过了……

132

# 倾听大自然的梦呓

顾晨露

月光似水，为大地覆上一层又一层有质感的绸子，是虫儿树木的被子，是一只属于梦中呓语的玉手，轻缓悄然拉开另一个世界的大幕——属于梦的世界的幔帐。

夜色似一潭墨色的水，一点一点的星光，是驶于夜色的小舟，静静地滑入一个个梦的深处，融入一片片碎片似的呓语。这世界便处处萦绕着静谧下若隐若现的言语——呓语。

月下的昆虫的呼噜声，做梦时的痴语，尤为响亮。那一个个小小的躯体，似一辆辆小小的越野车，不知疲倦于白日奔波，所以梦格外香甜。一点点的呓语，是梦的碎片，是在诉说自己梦想中的目的地吧。"唧唧"声，伴着少许的颤抖，是看到胜利时的激动？还是梦见种种险恶时的害怕的颤音？那一个个小小身躯的疲倦，一个个生命的脆弱，也只有梦中能发泄。

我曾偷偷听过夜晚栀子花的呓语。那是种极为轻缓的音符，一点儿细微的"沙沙"声，不易察觉，是梦中花开的声音？还是轻柔的鼻息？这是一串含香的呓语，充斥着浓浓的睡意，一个个有规律的音符，拼起一段梦幻的乐章。我屏着呼吸，生怕打扰了那花的梦。带着一点儿偷听的窃喜，看那月下的花，似少女的侧脸，纯美、精致、柔软。呓语，也是灵魂的一部分啊！

也在月下，寂静无人时，倾听树的梦呓。老榆树的呼吸是苍厚的，呓语也是摩擦般的"沙沙"声，低沉如深潭，平静似秋水。想必那梦中的灵魂，已由内心的思考升华，蜕去了这衰老厚重的身体负担，精神如蝴蝶翩翩于这纯粹的夜色吧。初生椿树的呓语是稚嫩的，如那柔嫩的叶子一样，是脆弱、微小的，好似随时都能从梦中醒来。那不安分的灵魂，怕是在梦中，看到了不一样的景致吧。

有听过大海的梦呓吗？那是海起伏的酥梦中的喃喃细语；有听过庄稼的呓语吗？那是一种细细碎碎的唠叨……

风吹来——树叶沙沙作响，这是大自然的梦呓，大自然的灵魂。

在这各异的呓语中，也只有月在倾听，星星在倾听，只有它们。

终于明白，阎连科笔下的711号园，还有林清玄所写童年的那场雨，我们正在永远地失去。古往今来，又有多少人能够觉醒？所以听一听大自然的呓语吧，不要让大自然的灵魂仅存于泛黄卷起的书页中，由岁月的沙尘，湮没它的痕迹……

133

# 秋天是位魔法师

张周宇

秋天是黄色的，秋天是红色的，秋天更是五彩的。

秋天是一位伟大的画家，画出了金黄的银杏叶，一阵风吹过一片片银杏树叶纷纷落下，就像是一颗颗流星击落在大地。

秋天是一位理发师，把银杏树的叶子，一个个剪了下来，还把银杏树叶染成了金黄色。

秋天还是一位作家，写出了秋天美丽的景色，写出了秋天美好的篇章。

秋天也是一位作曲家，演奏出了雨水的嘀嗒声，演奏出了河水流淌的哗哗声，演奏出了风的呼呼声，这么多美妙的声音真是好听极了。

我觉得，秋天其实只是一个魔法师，他变出了一棵棵高大的银杏树，变出了一条条流淌的河流，变出了一阵阵呼呼的大风，变出了一阵阵嘀嘀嗒嗒的小雨，变出了一只只小动物。

秋天的银杏树是金黄色的，远远望去像一只只黄色的小蝴蝶，一阵风吹过像一只只蝴蝶翩翩起舞。近看，银杏树叶上有一根根细细的筋脉密密麻麻地排列着，整个叶子是半圆形的，像一把把金黄色的小扇子。

银杏树的树干很粗，要三个人才能抱得住。整棵树显得格外高大，站立在大地上像一位军人坚守在自己的岗位上。

啊！我喜欢五彩的秋天，我更喜欢秋天的银杏树。

# 濠河父子

吕泽阳

在我们的身边，美无处不在，但我看见的最特别的美，不是景色的美，而是孝之美。

周日清晨，我和爸爸去濠河边漫步。秋色妩媚，碧波荡漾，在双喜亭下，一个年轻的男子和一位老人紧紧相挨，老人坐在一辆轮椅上，估计腿脚不怎么灵活，没法走路了。

一看他们就是一对父子，老人的儿子左手端着一碗粥，右手拿着一个小调羹。他把调羹放入碗里，向上轻轻一捞，再把那一勺粥小心翼翼放进父亲的嘴里。

喂完粥，他捏着父亲的手，慢慢地搓揉。他们的身旁放着一只收音机，正飘出动听的音乐。我呆呆地看着这对父子，紧紧地拉着爸爸的手，分外感动，不想离开。

过了一会儿，儿子轻轻地推动轮椅，和父亲向前走去，一边走一边欣赏着濠河的美景。我也悄悄跟在他们后面。

老父亲眺望着濠河的波光，和儿子说："这边的风光真的很美，可就不知道我还能看几年呀！"儿子笑着说："爸，你只要喜欢这风景，我天天带你来看。你就是腿脚不太灵便，身体其实好着很哪。"

我站在墙角，偷偷看着他们俩，不禁泪流满面。老爸和我说："泽阳，将来我要是老了，你也会这样陪我吗？"我说："老爸，你放心，我肯定也会天天带你来看濠河美景，你放心。"

前几天，老师教了我们一句孔子的名言："今之孝者，是谓能养。至于犬马，皆能有养。不敬，何以别乎！"眼前的这对父子，也许就是对这句话对好的诠释。

太阳初升，阳光静静地洒在他们的身上，我也把父亲的手抓得更紧了……

# 那份不一样的真情

高心月

暑假如期而至。空旷的大马路上，没有一个人，在烈日的暴晒下，显得既干燥又寂静。路边的树木随着暖风的吹拂摇摆着被晒蔫儿了的树叶，只听得树上知了那孤寂的叫声。

这个夏日是有史以来最炎热的。读在职研究生的妈妈照常要去扬州学习三周，而忙碌的医生爸爸依然要上班，年过六旬的奶奶不得不从老家赶来陪伴我，因我好几个课外兴趣班都得有人接送。偏偏奶奶嘴上的口唇疱疹又复发了。

奶奶上下嘴唇肿起的大大小小的水泡连成一片，通红通红的。几个大水泡好像一碰就会破一样。吃饭时，奶奶都要小心翼翼地微张开嘴，用勺子把饭菜一口一口轻轻地放进嘴里，不小心碰一下，都会疼得直皱眉头。我真是看在眼里疼在心里啊！

天刚蒙蒙亮，奶奶就去菜场买菜了。等我醒来时，奶奶已煮好早餐在桌边等我了。看着桌上丰盛的早餐，我心里不由得升腾起一股热流：奶奶虽然生病了，还在为我操心。于是，我连忙把奶奶的药全都准备好，挨个儿放在桌边，让她服用。看着我忙碌的样子，奶奶欣慰地笑了。

该送我去上课了。我帮奶奶找来太阳帽和防晒衣，奶奶的嘴巴不能在烈日下暴晒，我又准备了一个大口罩。全副武装后，奶奶骑着自行车带着我出门了。炎炎烈日下，奶奶的脚用力地踏着踏板，身子随着节奏一扭一扭的，防晒衣迎着风飘动起来，那一滴一滴的汗水顺着奶奶的脖颈慢慢流淌下来。坐在自行车后座上的我，躲在奶奶身后的清凉里，心里有股说不出的感动！上完课，走出教室，奶奶早已微笑着在门口等待，额头满是汗水。

之后连续几天，奶奶每天不停地照着镜子，焦急地期待着嘴唇快点儿好起来。虽然痊愈得很慢，但她每天都尽责地为我做着可口的饭菜，按时接送我上兴趣班。平日里，感受着父母对我无微不至的照顾，觉得天经地义，而这个夏日，被奶奶浓浓的爱包裹着，我深深感受到别样的幸福！

于是，我习惯性地每天为奶奶拿药、倒水，督促她按时吃药，愿我的爱也能给奶奶送去夏日里的一份清凉！

# 给妈妈送祝福

江城子

今天是一个特殊的节日——母亲节。我打算给妈妈一个惊喜。我眼角的余光看到了厨房的大铁锅，突然灵光一闪，做一份炸土豆丝给妈妈。

正巧，这时妈妈要出门买菜。我见机会来了，便兴冲冲地走进了厨房，找来了一个大土豆。我拿来刨子，一下一下地刨起了土豆皮。随着时间的流逝，我刨皮的速度越来越快，土豆一下子变成了一个"白胖娃娃"。在冲洗干净后，我拿起了刀，将土豆切成了一碗粗细相同的土豆丝。我将油倒入锅中，不一会儿工夫，油已变得滚烫无比。我一下子将一大碗土豆丝倒入了锅里，"啪——嘶啦！"锅中响起了一片翻腾的声音，油星子四处乱溅，使我不由得一连打了好几个寒战。

在长时间的等待中，一根根淡黄的土豆丝已经变成了焦黄的颜色。为了让我的土豆宝宝们更加香脆，我用锅铲将它们翻了一个身，土豆们欢快地在锅中炸开了。一分钟后，我将它们盛起，装在一个小碗里。

为了给妈妈一个大大的惊喜，我找来了几张彩纸，做成一个有小机关的大盒子，小心翼翼将碗放入了盒子里。

下面只要等待妈妈到家啦！一分钟……两分钟……三分钟……终于，脚步声越来越近，我的心情也随之激动了起来。终于，在我的期盼中，妈妈进入了家中。我连忙端起被我用宝石装饰得完美无瑕的礼物盒，走上前去，送上了我真诚的祝福："妈妈，节日快乐！打开礼物盒有惊喜哦！"妈妈十分好奇地打开了盒子，只闻到一股香味升腾而起。她奇怪地掀开了薄膜，见一碗金光灿灿的土豆丝出现在了眼前。"这……这是你……做……做的？""当然！"妈妈张大了嘴巴，瞪大了眼睛说不出话。她迫不及待地尝了一口，又脆又香，便停不住口了，立马大吃特吃了起来。一边吃一边还夸我是"小棉袄""小太阳"。

我们的母亲们有着草木一样的秉性和隐忍，她们洁净，内心清澈。她们就像一朵花，即使零落也要使芬芳呈上。

# 难忘的"同学"

罗奥非

当我兴奋地将自己被铁一中录取的消息，第一时间告诉我的"同学"时，她笑得乐开了花。的确，能上铁一中这样的重点中学，是值得自豪和骄傲的。

回想过去，最难忘的是我与"同学"朝夕相伴的日日夜夜！

毕业前的几个月，对每个即将毕业的小学生来说无疑是黑色的，这段时间的生活饱含着汗水与泪水、痛苦与煎熬。而我的这位"同学"，始终与我并肩作战，一同苦战到最后。为了能在激烈的竞争中脱颖而出，她整天陪同我一起上课，为我辅导作业。

她不是普通的"同学"，她就是我的母亲。

四十出头的母亲，是名医生。平时工作本来就很忙，但为了我，竟然把奥数学成了"万事通"！她经常在深夜里翻课本，上网找资料，查看我的作业。有时上辅导班的时间冲突了，我分不开身，她就会替我去听课，回来后将老师所讲的内容细心地讲给我。这怎能不使我感动呢？

记得那次奥数班发了一份模拟试卷，第二天要讲。晚上，母亲问："今天那份卷子你做好了吗？"幸亏她这一问，我才发现我根本就没拿回那份卷子。明天就要用，现在丢了，怎么办？

母亲二话没说，就走出门去。我呆呆地坐在家里等。等她回来时，手里拿着一张卷子。原来母亲是到别的同学家里去借。由于复印店都下班了，她就让我先睡觉，自己拿一张白纸把卷子抄下来，整整一份卷子，母亲边打哈欠边抄写，一直忙碌到深夜。

我的母亲不仅是一个好妈妈，还是我永远不会忘记的"同学"，没有这位"同学"的帮助，我也不会取得今天的好成绩。

母亲为我付出的一切，只言片语是描绘不完的，让这点点滴滴转化为浓浓的爱。我永远爱您，我的母亲！

# 我的"潮"生活

　　有的人认为时尚就是花几百上千穿"潮牌BOY"的衣服，有人认为潮就是跳上一段街舞，又炫又酷谓之潮，而我呢，却有别具一格的"潮"生活。

# 梦中的告别

严顾蕾

爷爷一生都在忙碌着，经历了几次创业，而今，他已经六十多岁了，但他却想用自己的晚年时光来实现自我价值，去俄罗斯完成建设事业。大概爸爸、妈妈不希望影响我，没有让我送别爷爷。那天，当我睁开眼睛的时候，我深爱的爷爷已经踏上远去他乡的征途。

可是，爸爸、妈妈怎么知道，正是这样的安排，让我……知道吗，我的梦里无数次上演了我和爷爷别离的场景！

梦中，一个大清早，爸爸、妈妈，我和奶奶全家出动，送爷爷赶往飞机场，坐在汽车上，我把头望向窗外，沉默不语，努力借外面美丽的春光平复一下自己难以言表的心情。不知是伤心还是难受，眼眶里不禁充满了泪水，潸然而下。爷爷心中有数，明白我的心思，将我的双手轻轻拉起，不停地抚摸着，过了许久，才缓缓地说："蕾蕾啊，爷爷以后不在你身边，你一定要听爸爸妈妈的话，好好学习，爷爷就高兴喽！"

又是一阵沉默，我望了望爷爷黑色的头发，看了看爷爷眉清目秀的脸庞，心中默默地想：待爷爷回来之日头发会不会染成了白色，脸庞会不会是皱纹多多？一种冲动，一股热流，让我不由自主地投进爷爷那温暖的怀抱："爷爷，我会好好学习的，您放心，我不会辜负您对我的期望的！"爷爷笑了，欣慰地笑了，我却哭了，悄无声息地哭了。

到了机场，爷爷办好了登机手续，又一次抱起了我，从小到大，爷爷无数次这样抱着我，可是，这次离别后再次重逢的时候，爷爷恐怕就抱不动我了，我不由自主地埋下头深深地亲了一下爷爷，爷爷开心地笑了。

爷爷乘坐的航班马上就要起飞了，我的心中突然间似乎被什么东西堵住了一样，是离别的不舍与惆怅。爷爷，每当我回老家，您都要到大门口抱抱我，亲亲我；每次我无聊烦闷时，您都会用自己的老腰骨陪我玩，陪我笑；每当我被妈妈骂时，您总是护着我，让我下次改正……爷爷一走，我身旁那充满活力和慈爱的身影就很难再见了。

爷爷走上舷梯，一如既往的微笑，但在他转过去的一瞬间，他抬了一下手，悄悄地抹了抹眼睛。我知道，他落泪了，我也是泪如泉涌。"白鸟"飞上了蔚蓝的天空，把爷爷带去了远方。此刻，我深切地感受到泪水的沉重，爷爷，您走吧，我盼着您的归来！

一年多的时间里，这样的梦无数次上演，无数次在梦中流淌着我思念的泪水。这样的别离尽管让我很痛苦，但它终归是弥补了我没有能够送别爷爷的遗憾！

爷爷，我在地球的这一边，您在地球的那一边，即使远隔万里，但我永远想您，永远爱您。

爷爷，你听到我的声音了吗？

143

我的「潮」生活

# 爷爷的"爱心食堂"

许 多

南通主城区有个百年寺街，寺街里有一个"爱心食堂"，是我爷爷办的。

爷爷已经六十五岁了，很慈祥，我考试不理想，或者犯了什么错误，他都不会怪我。爷爷长得很平凡，和一般人没什么不同，但他的"爱心食堂"，却很不一般。

寺街里住着许多老人，子女都不在身边，自己烧饭要买菜洗菜炒菜洗碗，很麻烦，这也成了许多老年人的心病。爷爷了解到他们的困难，便琢磨开一个"爱心食堂"，为老人们解决每天的吃饭问题。

两年前的一天，爷爷在家里烧了几个菜，土豆烧肉，黑菜粉丝，番茄炒蛋，约了两三个周边的老年邻居来吃饭。王奶奶头发花白，每天都为吃什么头疼不已。她吃了爷爷烧的菜，赞不绝口："老许，你这个菜真好吃，以后我一日三餐就包给你了。"

爷爷呵呵直笑。一开始爱心食堂只有爷爷一个人忙碌，每天也只有两三个人来吃。爷爷每顿只收他们四五块钱，收个成本价。慢慢地大家都知道寺街有这么一个好地方，又好吃又便宜，来吃的人就渐渐多了起来。后来奶奶也来帮忙，慢慢地我妈妈也加入进来了。

爷爷很辛苦，每天都要考虑不同的菜单。你也许会想，考虑菜单有什么了不起。可是，爷爷要根据每位老人的口味，每天要有不一样的搭配。有的老人患有糖尿病，肾病，不能吃甜，忌口比较多，爷爷要为他们特别开小灶。无论刮风下雨，爷爷都会准时准备好饭菜。有一次下大暴雨，寺街和对面的西南营全淹了，不能骑车送了，爷爷就卷起裤管，蹚着积水上门送饭。

去年，爷爷给一位王爷爷送饭，可是敲了半天门，一直没人应答。王爷爷腿脚不方便，从不外出。爷爷从后窗一看，只见王爷爷趴在地上，一动不动。爷爷赶紧叫来邻居，顾不得王爷爷身上的屎尿，一起把王爷爷送到医院去，救了他一条命。

爱心食堂开了一年多。有一天，我在门口听见一位大妈在和老奶奶聊天："你说老许这食堂，每天开得那么辛苦，又赚不了什么钱，开了干什么？"我听了，满心不服，冲上前去："你们怎么满脑子都是钱？难道有了钱就有了一切？你说健康、快乐、友情、爱心，能用钱买得到吗？"

她们没听我把话说完，脸立即挂了下来："去，去，去，小孩子哪儿懂这个呀？"这时爷爷正巧经过，和他们说："我孙子说得对，我当年开'爱心食堂'，就是看那些老人的儿女都去外地了，不在身边，生活很困苦，吃饭都成问题。如果我要的是钱，那我早就不会开爱心食堂'了。"那位大妈，听了爷爷的话，脸红了大半片。

爷爷退休前还是一位医生，他不仅帮助老人解决吃饭问题，还经常在食堂给老人们把把脉、测测血压。有人生病了，也经常问他应该吃点儿什么药。

前几天，爷爷被社区推荐获得"崇川好人"称号。我希望爷爷能把爱心食堂一直开下去，加油，爷爷！

145

我的『潮』生活

# 爷爷的"神秘壮举"

张旖文

我的爷爷长着一张黑黝黝的脸，好像烤焦的烧饼。他身体又高又瘦，像一只行动敏捷的猴子，眼睛小小的，笑起来眯成一道缝。

爷爷这么黑，那是因为他最爱做的事情就是钓鱼，被太阳晒的。每当休息时，他就会召集几个"鱼友"一起去濠河边钓鱼。清晨五点就出发，晚上六点多才回家，每次钓的鱼都够一家人吃好几天的了。运气好的时候，他还会钓到几只龙虾或一只乌龟。

星期天的下午，爷爷浑身湿淋淋地跑回家，急急忙忙地洗了个澡。我问爷爷怎么了，爷爷摇了摇头，说没什么事儿，便回房间忙自己的事去了。

过了几天，家门被"咚咚咚"敲响了。我连忙跑去开门，发现两个陌生人，手里拎着一大堆东西。我丈二和尚——摸不着头脑。这时，爷爷走了过来。他们连忙上前握住爷爷的手，不住地说："谢谢你，大哥！不是你相救，我的命就没了。"爷爷不好意思地笑了，眼睛眯成一道缝，"应该的！谁看到都会这么做的。"

原来星期天，这位陌生的阿姨在濠河边洗衣服，不小心掉到了河里。可她又不会游泳，在河里拼命挣扎。

那天爷爷正在不远处钓鱼，他见状赶紧丢掉鱼竿，衣服都没脱就跳下河去救她，救上岸后，也没多说话，就默默回家洗澡换衣服了。

那个阿姨被救上岸后，十分感激。他们一家人四处打听，才从钓鱼的人口中，找了我家的住址，特地上门感谢爷爷。

没想到爷爷竟然有这样的神秘壮举，我打心眼里敬佩他。我搂住爷爷亲了他一口，我要大声地为爷爷点赞！

# 我的"潮"生活

桑赵岂

现在的时代是个潮时代，生活中藏有许许多多的"潮"，等待你用明亮的眼睛去发现。有的人认为时尚就是花几百上千穿"潮牌BOY"的衣服，有人认为潮就是跳上一段街舞，又炫又酷谓之潮，而我呢却有别具一格的"潮"生活。

星期天，太阳晒到屁股，不用担心早饭，我直接拿起手机，进入美团外卖，上面立马涌现出许多好吃的食物：诱人的包子、色香味俱全的小葱拌面，还有洒上金黄芝麻的黄桥烧饼等等。不用出门，外卖下单马上送到家。

最近，我和同学们也都拥有了属于自己的手机了。如果周末不太忙，打开微信视屏聊天，和同学聊聊不开心的事，无论天涯海角，都能让你和他的距离变为一个手机的厚度，让巨大的地球变成地球村。

有时，我和同学们一起联网玩《王者荣耀》，并肩作战，还有可能碰到外国人，痛痛快快地打上一场，但是切记一定要适合而止，不能玩很长时间。

以前，有一个老爷爷每隔一个月都会一家一家收牛奶费，可是现在呢，只听妈妈"叮咚"一声手机响，我一看原来是那个爷爷用微信收牛奶费了。又是一声"叮咚"，老妈发了一个红包，牛奶费付好了，就是这样便捷。

告诉你一个小秘密，最近爷爷奶奶也要体验潮生活，我正在偷偷教他们如何使用微信，如何上网看视频，你可不能告诉我妈妈哟。

我的"潮"生活，无处不在，期盼有你！

# 西餐狂响曲

陈艺文

"感觉很好需要出去跑一跑，浑身轻松兴奋莫名其妙……"我哼着小曲儿一蹦--跳心情大好，到了家，奶奶神神秘秘地说："今天给你来次西餐狂响曲"。

奶奶从厨房里拿出一大锅罗宋汤，噢，这可是我的最爱，也是正宗西餐厅里的必点品。我的爷爷奶奶都是上海人，颇有点儿老克拉的做派。罗宋汤以甜菜为主料，加入马铃薯、西红柿、菠菜和牛肉块、奶油等熬煮，是奶奶的拿手好菜，满满一大锅，呈紫红色，香气扑鼻。

看来奶奶这次是要玩真的了。紧接着，她变魔术般从百宝冰箱里拿出好多食材："艺文，你看这是黄油、奶酪，这是生菜、红肠，还有培根，西餐关键在于搭配，从食材到口味到色彩，很有讲究。"看到这一大摞好吃的，我大饱眼福，口水情不自禁地流了下来。

饱完眼福，就要饱口福了。西餐不像中国菜讲究个煎炒炖煮，今天的过程很有点儿做游戏的意思，最重要的就是把东西混合搭配在一起的过程。

我那双早已按捺不住的手，不自觉地伸向了烤面包，又拿起刀子在黄油上一点点刮着，小心翼翼地涂到有一道道焦痕的面包上，不一会儿，面包便发出阵阵诱人的香气，让全家的吃货们垂涎欲滴。

蜂蜜的香甜可口也当然少不了，我用刀子毫不犹豫直直地插了进去，转了一下，然后拿了出来，让它随意流在面包上，再像画画似的把它均匀地摊开，放上生菜、红肠、黄瓜、煎蛋、培根，一个西式"巨无霸"就大功告成了！我欣赏着自己的艺术品，不禁啧啧称赞，都不舍得吃了。

"干杯！"全家人其乐融融地喝着汽水，品着美味，幸福得不得了。我闭上眼睛，张开嘴，一口咬下去，色香味一应俱全，堪称人间第一美味，简直比满汉全席还要好吃。

这可是我在家里第一次吃到正宗的西餐，感觉十分新鲜，什么都好吃。就像妈妈说的那样，难得吃一次觉得还不错，如果天天吃就会觉得腻，所以无论吃什么东西都要适量，更要健康。

西餐狂响曲进入尾声，我打了个饱嗝，可那美味仍让我久久不能忘怀！

# 白色的"箭"

邵夏雨

几支白色的"箭",是我看到的最快的车。

六年前,我上二年级。那是一个星期五,一放学,爸爸拎着我一路小跑到停车场,我丝毫不明白他有什么急事。妈妈去了上海,一个人逛世博园去了,爸爸应该推掉一些事情来接我的。

一头雾水的我被他扔上汽车后座。我眨巴着双眼,问:"你那么急,又去哪?你才出差回来的啊!""不是出差,带你去个地方,到那你就知道了!"他神秘的笑使我更加糊涂。

我抱着书包,看着窗外,我认得那路,难道带我去南通?去做什么?

最终,车停在了一个车站大门前,不是汽车站,而是动车站!

爸爸跟我说过,动车很快,但我并没有见过,它有多快。我有些兴奋,我从来都没有坐过,这是第一次。爸爸拎着包,拉着我。原来,他事先在网上已经订好了票。

来到站台,其实跟地铁的站台设计差不多,休息椅、贩卖机,还有防止行人掉下站台的玻璃门,只是有点矮。

当爸爸和我正在找几号入口的时候,一辆白色的动车从身边"飞"过,像脱缰的野马,像离弦的箭支,那辆不靠站的动车在我面

前一闪而过。爸爸神色平静，不以为奇，对我来说，那叫一个惊讶！

当我坐上动车赶往上海时，并不觉得动车是那样的快，外面的风景也是缓缓地向后移动。爸爸跟我简要说了原因，车内和车外的感觉的反差。

第一次坐动车，也是唯一一次坐这么快的车，因为动车之后减速了呢。

# 我的"财富梦"

家　恒

我是个执着的人，更是个实践爱好者。这不，刚看《穷爸爸 富爸爸》，我就一下子迷上了创业。为了让我的财富路更加完美，我进行了首次策划。

经过几天的思考，我终于寻找了一个无本生意。从熟人做起，客户是熟人，货源也是熟人。先在班级男生中拉订单，然后到楼下小店阿姨处代购客户所订的货，明确告知进货价。我也不黑心，只赚个跑腿费五角钱。拿到货后再付钱，大家都凭诚信交易，第二天我就有了生意。

尝到甜头后，我做得很认真。可是后来我发现订单越来越少。花了两天时间，我认真调查并分析了一下，发现男生想买的东西学校不让带，而女生普遍不爱运动而且喜欢漂亮的东西。我重新调整了销售对象，但是又考虑到，我跟女生平时不是太熟的，怎么办呢？

我的『潮』生活

我找到女生中比较有威信的angle，与她合作。由她拉客户，我跑腿，提成调整为一元，我俩平分。商量好后，为了增加可信度，angle率先在我处下了订单，当天我一下就接到五笔订单，每笔还几件呢！我兴奋不已，好像看到很多亮闪闪的钱飞向了我。一放学，我就冲向小店，准备进货。

然而，妈妈扼杀了我的创业梦。"学校里不能赚钱的，同学们还没有挣钱，这个不可以。"

我据理力争："为什么不可以？我花了创意、力气和时间，跑腿挣功夫费，不可以吗？外国为什么可以？"一连串的问题，搞得妈妈也很头疼，最终以一句"国情不一样"搪塞了我。

我很是愤怒，但是也毫无办法！为了不降低我的信誉，我不得不从家里带了一些糖赔礼道歉。第二天我一个个亲自打招呼，"不好意思啊！买卖不在情义在，有机会我们再合作。"

我并没有偃旗息鼓，随时随地都在寻找商机。终于一年一度的春游又要开始了，我想不能赚本班同学的钱，不在校内进行，这次生意成功率应该很大，销售量也一定可观。此次春游我们学校有4个年级在园博园，客户源是充足的，得先期调查，他们春游最喜欢什么？我班春游是烧烤活动，烧烤时肯定有闲人，我们可以轮流去兜售。

我预备仍和angle合作，共同发动、指挥、安排。为了保险起见，我还预备所得利润部分作为班费。我为我的创业梦东山再起激动不已。我得意地把这次创业告诉了老班，老班皱着眉头说"这好像不太好，你如果感兴趣可以周末和妈妈摆个地摊。" 我蒙圈了，"我的创业路咋就那么困难呢！"

我的财富梦破灭了！心里很不服气，瞧，很多国家孩子的财商都是从小培养的，这样也不行，那样也不行，会埋没多少金融天才呢！

但是我不气馁，我要再次白手起家，要让邻居成为我的客户，让老师们成为我的客户，让同学成为我将来的客户。我坚信"我会回来的！我还会回来的！我一定会回来的！"

# 我的太阳系之旅

陈一畅

　　美丽的星空，蓝色的星球，神奇的太阳系。2030年，我开启了自由的太空之旅，先探究离地球最近的美丽空间……

　　第一站金星，这里热得我直出汗。一只长着许多触手，全身包裹着透明薄膜，眼睛突在外面的怪物向我走过来。我没想到的是，它居然会用人类的语言和我对话："你是来自地球的人类吗？我们交个朋友吧！"我有点儿激动，竟然交到一个外星朋友。

　　来到距离太阳最近的水星，我到达的时候恰好是温度最低的夜晚，穿得有点儿少，把我冻得快成冰块儿了。我赶紧坐上超音速飞船溜啦！

　　在冥王星，听着它向我诉说自己被踢出九大行星的痛苦。我安慰它："等我控制宇宙的时候，一定把你列入大行星的行列。"冥王星听了以后感动不已。

　　天王星躺在那里，看上去睡了很久很久了，我不忍心吵醒它，于是转而奔去了海王星，它是一颗"风暴蓝宝石"，周围闪耀着一圈五彩的光环。当我踏上海王星的时候，迎接我的是巨大的风暴，一下就被吹得翻了好几个跟头，翻到了木星上。

　　木星特别大，像个顶天立地的巨人在宇宙中飞行，又像是一个碧

绿的大西瓜，不过谁也吞不了这个"巨型的大西瓜"。我想利用这么大的地方，建造一个高科技的人类避难所，等将来人类在地球上遇到危险时，可以到这里来避难。

来到月球，和原本亮闪闪的"小小镰刀"一点儿也不一样——这里没有一点儿美丽的色彩，全是灰蒙蒙的一片。我这才知道，原来月亮本身不会发光，只是反射了太阳的光芒。

登上火星，我把一块小岩石放进深蓝色背包中，准备带回家。突然"小岩石"动了，吓得我赶紧扔出去。过了会儿，没什么动静，我战战兢兢地走过去一看，原来是一只火星虫。我想了想，还是决定把它留在它的世界里吧。

在一个黄色星球上，我发现这里与地球没什么两样，但街上空无一人。我打开一个房门，里面竟然是马小跳，另一扇门开了，竟然跑出来了狼王、巨象、皮皮鲁、卡洛斯……这么多我读过的书里的人物，他们全活了！这个应该就叫书本星球吧！

黄色星球，不，应该是书本星球。他们的国王竟是舒克和贝塔！我激动地坐起来一看，原来我在火星上睡着了……

# 2090 隐翅之鹰

崔 涛

沈立之教授是中国科学生命院年轻的科学家，2090年他提出了一个大胆的设想，如果人能够嫁接鸟类的基因，长出翅膀，那会给世界带来怎样的改变？

　　沈教授带着一个秘密的科学探索小组，开始准备进行大规模的实验。可世上哪有不透风的墙，新运来的老鹰基因，需要昂贵的科研实验经费。正当沈教授捉襟见肘时，一个身穿黑色马甲、灰色牛仔裤的青年人前来拜见。

　　"沈教授，我对您的实验计划很感兴趣，如果可以的话，我希望成为你们这个项目的秘密投资商。"年轻人一点儿也不含糊地说。

　　"这个项目大约要一百亿人民币，你拿得出这么多钱吗？"沈教授笑中透露出质疑。

　　"这个你就不要考虑太多了。如果这个项目能够通过我们的评估，钱不是问题。"年轻人爽朗地大笑起来。

　　"我们研制的这个项目可是有风险的，说不定你的投资会打水漂。"沈教授开门见山。

　　"那得看你这个项目到底值不值得？"

　　"飞翔一直是人类的梦想。鸟儿会飞，如果将鸟的基因植入人体，那么人就可以长出翅膀，实现飞翔的梦想，可以用于探险、航拍、战争，森林保护等领域，有着不可限量的潜力。但这只是一个大胆的猜测。"

　　"很有意思。"年轻人露出一分笑意。

　　"还有一种方案就是把基因储存在芯片里，植入到人的后脊骨，用自己的意念控制翅膀是否展开。当然也要注意植入负核控制系统，以免对人体造成伤害。"沈立之教授的语速越来越快。

　　"那您打算为这个计划取个什么名字呢？"

　　"我要将芯片缩小到人体的万分之一，哦，不！是亿万分之一。我要给它取个响亮的名字……没错！我要叫它'隐翅之鹰'！"沈教授几乎叫了起来！

　　年轻人离开前，紧握着沈教授的手："我叫陆远辉，这张名片上有我的联系方式。"他把门轻轻关好，离开了这幢不起眼的六层小楼。

一星期过后，沈立之并没有等到陆远辉的任何信息。他只能自筹资金，节衣缩食，好不容易才准备全了实验材料。

沈教授拿起"洛米基"倒入一个类似小酒杯的容器，倒了有十毫升左右，将芯片放到"洛米基"里。经过几个小时之后，芯片里的内容与信息都融入到"洛米基"中。

沈教授小心翼翼用镊子将芯片夹了出来。要知道"洛米基"之所以能把信息删除并溶解，因为它除了铁、钻石、钢、宝石等坚硬物品外，其他的都能够溶解。

接下来就要等上七七四十九天的风干。沈教授让助手陆毅把老鹰的基因取到一个针管里。

陆毅主动向沈教授提出，"让我来吧，教授！"

"你确定吗？要知道如果基因对你的身体没有任何效果，那么不到半个月，基因就会因为流动方向错误进入你的血液，半个月你的身体器官就会全面瘫痪，成为一个植物人。"沈教授一字一句如一根根银针，扎入陆毅的心中。

"即便你不会成为植物人，你也会成为一个鹰人，基因会使你的器官发生突变，没有通过血管，也会让你的形象发生改变。关键我用仪器计算过长出鹰翅膀的概率只有百分之二十。你还要来吗？"沈教授并不想让他冒险。

"总不能让您来吧，教授。只有您知道这些实验试剂的功效和用处。没关系，让我来吧！"陆毅脸上露出了坚定的微笑。

沈立之眼眶里闪烁着泪花，他仔细瞄准陆毅的后脊背，闭上眼睛扎了下去。一阵撕心裂肺的痛在陆毅背上回荡。陆毅强忍剧痛，合上衣服。

到了晚上，陆毅的眼睛变成了绿色，手渐渐地缩到体内，嘴巴变成了鹰钩嘴，头发长到遮住了脖子，紧贴脖子的地方变成了白色。陆毅的身上长满了棕色羽毛，两条腿变成圆珠笔那样粗细，两只脚只剩三个脚趾，指甲变得尖锐锋利，背上长出了强壮有力的翅膀。

　　第二天，沈教授看到陆毅变成了这样子，连忙跑过去紧紧抱住他："兄弟，真的对不起，对不起！"陆毅蹭了蹭教授的头："我这也是一种为科学献身，您不必伤心。"

　　三个月过去了，沈立之教授结合鹰基因芯片，终于成功完成了"第一代'隐翅之鹰'"计划，轰动了整个亚洲。

　　可是，令沈教授万万没有想到，也没有注意到的是，陆远辉的名片里边镶上了微型窃听器，所有的实验资料方案，全部都让陆远辉了解得一清二楚。

　　原来，陆远辉是岛国艾里亚克派来的间谍。由于2030年的那场中艾大战，他们早就对中国怀恨在心。于是，就派会说中文的艾里·巴西克，化名为陆远辉去"盗窃"中国国家的军事机密，目的是把中国的秘密武器占为己有。

　　事已至此，沈教授立即登上前往北京的飞机，参见空军总司令，把一批"隐翅之鹰"芯片交给他："一切都因我而起，请允许我参加这次的战斗！"

　　"不行！最起码有三点原因不能让你参战。"空军总司令一口回绝："第一，若是你牺牲了，那谁来继续研究'隐翅之鹰'？第二，你目前是全世界最有权威的科学家，一个科学家不是因老死或实验时受伤而死，却是在不属于你的战场上死的，那是要被世人耻笑的。第三，战斗是战士的天职，怎能让一个既没有实战经验又没有战斗能力的平民参加战斗？这是绝对不允许的！"

　　中艾大战再次打响，"隐翅之鹰"为战士们增添的羽翼，战斗力大大增强，艾里亚克尽管盗取了实验的主要信息，但是他们没有能在第一时间合成出成果，2095年，中国间谍成功毁灭了艾里亚克的相关实验试剂和图纸。

2100年，沈立之教授在人民大会堂向全世界宣告："我愿意向每个国家赠送'隐翅之鹰'的实验成果，希望大家用神奇的翅膀，去造福人类，造福自然，让人类远离伤害，远离战争。"

此后一百年，空中飞翔的隐翅战士，忠诚地守护着美丽的地球家园。人们想飞就飞，自由自在，尽情拥抱蓝天，享受灿烂阳光，快乐祥和生活在幸福的家园里。

# 我的"平行世界"

周施琦

158

公元2035年，我驾驶着"阿波罗号"宇宙飞船，以每秒一百光年的速度，冒着生死危险，勇敢地挑战黑洞。

望着深不可及、黑黝黝的黑洞，我做好了所有准备工作，加大引擎马力，推动飞船前进杆，飞船瞬间以光速前进，加速度让我从前面一下子跌到了驾驶舱中间的椅子上。

当飞船停下来时，我惊奇地发现，我竟然还在"地球"。当我降落在"地面"时，我才意识到，我来到了另一个平行世界。

这里也有一条波光粼粼的濠河，河边也有另一个我！我们简直就是双胞胎！

我们俩面对面，异口同声："你是谁？"

"我是宇航员周施琦！"

可下一句，我们说的却大不一样了。

我向他大喊一声："我是从黑洞穿越过来的！"

而另一个"我"却比我的嗓门还大："我要去闯黑洞！"

这时我发现，原来这个平行世界，跟我们的世界是一个样儿，只是有点儿时间差罢了。

当我伸出手想和"我"握手时，突然有一股巨大的磁力，就像要把我吸进另一个"我"的身体里去。我们俩觉得非常意外，费了九牛二虎之力才分开。

我心头一紧，这手还是别握为妙。

经过一番仔细观察，我发现他们的时间不是比我们的慢，而是比我们快很多！他们的科技也先进多了。

这里有很多我们见都没见过的东西，平行世界里的"我"给我一一介绍，"量子虫洞"可以让我们迅速穿越到另一个星系，"电子磁力枪"一下子可以发射一千瓦电量的子弹，"连击激光炮"这个威力就更大了，每个弹夹可以装一亿发子弹，冲击力非常大，只要击中一幢高楼，大楼会立马崩塌，成为灰烬。

在这个平行世界里，普通人都会制造枪，却没有人犯法，都是好心人。

有相聚就会有离别，我就要回到我的世界去了。

临别前，"我"送给我一把最先进的"电子磁力枪"，我也送给"我"一份他们早已失传的南通"蓝印花布"。

我向"我"发出邀请，带着另一个"我"，又回到了地球……

159

# 梦里的冰雪假期

张嘉亿

每天作业不堪重负，好想给自己放个假，想去哪儿就去哪儿。

这不，正想着，老师突然宣布，给你们放一天假，没有作业。天啊，简直难以置信！

我恍恍惚惚来到了一个陌生的世界，这里所有的东西都是冰做的，天天下雪，可是，我为什么感觉不到一丁点儿寒冷呢？

迎面走来了一支雪糕。她问我："你是谁呀？"这支雪糕粉嘟嘟的，我想应该是草莓味的吧。我老老实实地回答："我叫张嘉亿，请问这是哪里呀？"

"这里是冰雪世界，欢迎你来作客！"小雪糕笑笑。

她领着我来到了一家冰淇淋店，对里面的一支大雪糕说："爸爸，有客人来了！"

爸爸正忙着呢，他对小雪糕说："小雪，赶紧拿支冰棍给客人！"

"原来你叫小雪呀！"我对小雪糕说。

小雪从冰箱里拿出一支蓝莓冰棍，递给我说："尝尝吧！我家的传统雪糕，你是外来的客人，就不用给冰币了。"

我说了声"谢谢"，心想：冰币应该就是这里的钱吧！

小雪带着我走到了一个很高的滑梯上面，她对我说："你可以玩一下这个项目，很刺激的！"

　　我小心翼翼地爬上了滑梯，往下一看，天哪！这么高！我双腿抖动地坐了下来，迟迟不敢往下滑，忽然，我背后不知道被什么东西撞了一下，整个身子直接滑了下去，双手捧着冰滑梯的边缘，风在我耳边呼呼地吹。"嘭"的一下，我冲到了雪堆里，哇，这雪好柔软，好舒服呀！小雪也滑了下来，也冲进了雪堆里，我们俩你看看我，我看看你，都哈哈大笑起来。

　　夕阳西下，我和小雪玩了一天了，坐在她家旁边的冰椅上，看着紫红色的晚霞，一点儿一点儿退去，天上的星星，一闪一闪的，好似地上晶莹的雪花。我和她，踩着雪花，一起奔向家去。

　　晚上，我躺在自己家的床上，心想，如果梦想能成真，那就好了。我的脑海里还回荡着小雪和我的身影……

161

# 彩　虹　雨

龚悠然

　　"妈妈，我想看彩虹雨。"思思拉着妈妈的衣袖说。"算了，这世界上，有雨彩虹，不可能有彩虹雨，我已经说过无数遍了，思思。"思思哭泣着跑出了家门，躲到墙角，呜咽着说："我想看彩虹雨。"

　　思思的话，被一个小男孩听到了。他浑身上下都装着科学用品，看起来就像个小科学家。他跑过去问思思："你是不是想看彩虹雨，我也在研究彩虹雨。"思思擦了擦眼泪说："真的！你可以带我去看彩虹雨吗？""跟我来吧！"小男孩微笑着说。

小男孩把思思带进一个高科技实验室，里面各种员工身上都装着新研制出来的产品。小男孩就带着思思介绍起来，他骄傲自豪地说："这是这家科技馆的创始人，也就是我的爸爸，他可以带你去看彩虹雨。"爸爸微笑着说："好孩子，你这么聪明，为什么你自己不带着她亲自去？"小男孩挠了挠头说："好吧。"

渐渐地，小男孩和思思熟了，但小男孩好像有些疲倦，他忙着做实验，研制药水，因为他要让思思尽快看到最美的彩虹雨。一天又一天过去了，小男孩已经忙了一个月了，一天午觉都没睡过。这天做实验时，他睡着了，但是在梦里，他依然精力充沛，精心研制彩虹雨。小男孩进入了梦游模式，他闭着眼睛，熟练地倒药水。

这时，思思进来了，她看到小男孩便向他打声招呼，但小男孩没有回应。一个小时后，小男孩醒过来了，看到桌上已研制好的彩虹雨药水，兴奋得手舞足蹈，立即将药水给思思看，思思激动得说："我终于能看到彩虹雨了。"思思赶紧跑到热闹非凡的大街上，等着彩虹雨下下来。

小男孩将早已准备好的雾气拿出去，又把彩虹雨洒到雾气里，这雾气便向天空飘去。此时，小男孩的眼睛里已布满了血丝。不一会儿，这彩虹雨便"哗啦啦"地下下来，思思高兴地在雨里蹦来蹦去，人们感叹道："好美的雨啊！"

小男孩的爸爸拍拍小男孩的肩膀，竖着大拇指说："儿子，你真棒，爸爸为你感到自豪。"小男孩疲惫地说："爸爸，我想睡会儿觉。"听到小男孩这番话，爸爸眼眶里充满了泪水，说："孩子，你去睡会儿吧，可是睡了，你就要再等三年才能醒来呀。"爸爸叹了一口气。

小男孩沉睡在实验室里。此时，正在享受着彩虹雨的思思做梦也没想到，小男孩是他爸爸创造出来EX—L型机器人。当机器人过于疲劳的时候，他里面的人工心脏就不会跳动了，要休息三年后才会醒来。

三年后，一个风度翩翩、由机器造出来的少年和优雅美丽的女孩思思相遇了。他们很快就认出了对方，聊着一些小时候有趣的话题。他们说过的话、去过的地方，很快就在眼前出现。思思激动地说："看，这些都是我童年的记忆！那个是你爸爸的工厂，这个是我家……"让我们一起去看看吧。

两个人手拉着手一起来到童年的村庄。就在这时，天空中下起了美丽的彩虹雨，美丽的夕阳映衬着他们脸庞，笑声回荡在美丽的山谷间……

163

# 天庭会议

陈欣妍

在人间急速发展的同时，天庭中的神仙们也按捺不住，想和人间一样，让天庭也有翻天覆地的变化。玉帝无奈，只能被迫召开了天庭会议。

玉帝端坐在座位上，扫视了一圈下面的各路神仙，问道："各位近来都向我报告说人间发展快速，已远超我天庭……"玉帝的话才说了一半，孙悟空就一个筋斗翻了过来："对呀对呀，人间这发展速度可真是吓了俺老孙一跳。这不，前两天，俺老孙回花果山一下，这花果山早就被改成叫什么旅游胜地。俺老孙怕猴子猴孙们受苦，就忙去一看，嘿，这些家伙现可过得好呢，与人们用那黑色的小长方体一看，就给糖啊、粗粮啊、水果蔬菜吃，说是拍照。而当时人做的动作就留在那黑匣子的一面里了，有时还会变到一张小纸片上呢！"

猪八戒也慢悠悠地走了过来："还有啊，这吃的东西现在产量高，又好吃，那桃子呀，大了一倍呢！有些不好的危害健康的食品还不许卖了呢，提倡什么绿色食品。就连食品的种类也丰富多了。"众神仙也议论起来。造神上前说道："现在人间的变化也太大了。像飞，他们也能坐一种叫什么飞机的玩意儿，想和千里之外的人说话也能行，还能看到图像呢！那东西叫手机，还可以看书、玩游戏，还有叫什么上网的，反正先进得很。还有一种比那大一点儿的叫iPad，功能也一样，像大圣说的什么拍照，它们也能。还有能看到全世界发生事情的电视，坐的汽车、高铁、火车……多得数不过来！"嫦娥接口说道："就连月球的秘密他们都知道了，要不是我们住在月球背面也要被他们发现了。现在吴刚大哥正用一种叫电锯的东西砍树，很快就能砍好了。"玉帝听得目瞪口呆："我的天哪，这是真的？"太上老君点点头说："自然是真的，不过发展太快也会有害。像假货、污染不也出现了吗！不过人类已经可以改正这些了，咱们天庭也应该赶上去啊！"

玉帝玉皇大帝听了连连点头："不错，我们也该赶上去了。这次就跟人间一起发展，不过别忘了遵守本心。散会！"玉帝看来是等不及想去看看人间的胜景了！

# 一封枫叶信

蔡滢秋

在一个茂密的森林里，绿树成荫，鸟语花香，各种活泼可爱的小动物快乐地生活着。

在大森林的一边，生活着两只小狐狸，她们从不伤害别的小动物。尽管有很多小动物已经成为她们的好朋友了，可是总有些动物视她们为敌。

兔子一家就是这样的。兔妈妈总是苦口婆心地告诉兔宝宝灵灵："狐狸是世界上最讨厌的东西。它们奸诈、贪婪，最喜欢吃小动物。"调皮胆大的灵灵却不以为然。

一天，灵灵出去玩耍，突然发现了一只狐狸。他偷偷地躲在大树后面观察：原来，小狐狸在帮从树上掉下来的小鸟敷药。小鸟感激地说："谢谢你，小美！""不用谢，我是心地善良的小狐狸嘛！"小狐狸说。灵灵暗暗地想，狐狸其实并不是坏人。

这时，嗅觉敏锐的狐狸小美，闻到了灵灵的气味。她走到灵灵跟前，友好地说："小兔你好！我们交个朋友吧。""当然可以啦！"灵灵说，"我还知道你叫小美，你不是坏人。"小狐狸惊呆了。"一只小兔，第一次见到我，怎么这么喜欢我？"她想。不过。今天又多了一个朋友，小美也很高兴，他俩玩得不亦乐乎。

晚上，灵灵对妈妈说："我今天交了一个朋友，她是小狐狸小美。"兔妈妈吃了一惊："我的孩子，你怎么能跟狐狸交朋友呢？太危险了！当心她吃了你！""小美真的不是坏人。"灵灵又说。可兔妈妈吃了秤砣铁了心，就是不愿相信。

灵灵才不管，她和小美成了形影不离的好朋友。了解到灵灵的家庭状况后，小美托爱好文学的妹妹小丽写了一封信。

秋意正浓，一片枫叶飘进了兔子家。兔妈妈看了看，这是一封信，上面写着："灵灵妈妈，您好！森林里的动物们都有好的一面，只有信任他人，自己才会更快乐。也许有一天你会发现，其实你也是需要信任的……"

从此以后，兔妈妈也渐渐开始信任他人。她发现，自己真的更快乐了。